The Lazy Monk

The Lazy Monk

A Story in Simplified Chinese and Pinyin
Includes English Translation

Book 30 of the *Journey to the West* Series

Written by Jeff Pepper
Chinese Translation by Xiao Hui Wang

Based on chapters 91 – 95 of the original
Chinese novel *Journey to the West* by Wu Cheng'en

IMAGIN8
PRESS

Published in the United States by Imagin8 Press LLC, Verona, Pennsylvania, US. For information, contact us via email at info@imagin8press.com or visit www.imagin8press.com.

Our books may be purchased directly in quantity at a reduced price, visit our website www.imagin8press.com for details.

Imagin8 Press, the Imagin8 logo and the sail image are all trademarks of Imagin8 Press LLC.

Written by Jeff Pepper
Chinese translation by Xiao Hui Wang
Cover design by Katelyn Pepper and Jeff Pepper
Book design by Jeff Pepper
Artwork by Next Mars Media, Luoyang, China
Audiobook narration by Junyou Chen

Based on the original 16th century Chinese novel by Wu Cheng'en

ISBN: 978-1959043010
Version 05

Acknowledgements

We are deeply indebted to the late Anthony C. Yu for his incredible four-volume translation, *The Journey to the West* (University of Chicago Press, 1983, revised 2012).

We have also referred frequently to William J.F. Jenner's unabridged translation, *The Journey to the West* (Collinson Fair, 1955; Silk Pagoda, 2005), as well as the original Chinese novel 西游记 by Wu Cheng'en (People's Literature Publishing House, Beijing, 1955). We've also gathered valuable background material from Jim R. McClanahan's *Journey to the West Research Blog* (www.journeytothewestresearch.com).

As always, many thanks to the team at Next Mars Media for their terrific illustrations, and Junyou Chen for his wonderful audiobook narration.

Audiobook

A complete Chinese language audio version of this book is available free of charge. To access it, go to YouTube.com and search for the Imagin8 Press channel. There you will find free audiobooks for this and all the other books in this series.

You can also visit our website, www.imagin8press.com, to find a direct link to the YouTube audiobook, as well as information about our other books.

Preface

Here's a summary of the events of the previous books in the Journey to the West *series. The numbers in brackets indicate in which book in the series the events occur.*

Thousands of years ago, in a magical version of ancient China, a small stone monkey is born on Flower Fruit Mountain. Hatched from a stone egg, he spends his early years playing with other monkeys. They follow a stream to its source and discover a secret room behind a waterfall. This becomes their home, and the stone monkey becomes their king. After several years the stone monkey begins to worry about the impermanence of life. One of his companions tells him that certain great sages are exempt from the wheel of life and death. The monkey goes in search of these great sages, meets one and studies with him, and receives the name Sun Wukong. He develops remarkable magical powers, and when he returns to Flower Fruit Mountain he uses these powers to save his troop of monkeys from a ravenous monster. *[Book 1]*

With his powers and his confidence increasing, Sun Wukong manages to offend the underwater Dragon King, the Dragon King's mother, all ten Kings of the Underworld, and the great Jade Emperor himself. Finally, goaded by a couple of troublemaking demons, he goes too far, calling himself the Great Sage Equal to Heaven and sets events in motion that cause him some serious trouble. *[Book 2]*

Trying to keep Sun Wukong out of trouble, the Jade Emperor gives him a job in heaven taking care of his Garden of Immortal Peaches, but the monkey cannot stop himself from eating all the peaches. He impersonates a great Immortal and crashes a party in Heaven, stealing the guests' food and drink and barely escaping to his loyal troop of monkeys back on

Earth. In the end he battles an entire army of Immortals and men, and discovers that even calling himself the Great Sage Equal to Heaven does not make him equal to everyone in Heaven. As punishment, the Buddha himself imprisons him under a mountain. *[Book 3]*

Five hundred years later, the Buddha decides it is time to bring his wisdom to China, and he needs someone to lead the journey. A young couple undergo a terrible ordeal around the time of the birth of their child Xuanzang. The boy grows up as an orphan but at age eighteen he learns his true identity, avenges the death of his father and is reunited with his mother. Xuanzang will later fulfill the Buddha's wish and lead the journey to the west. *[Book 4]*

Another storyline starts innocently enough, with two good friends chatting as they walk home after eating and drinking at a local inn. One of the men, a fisherman, tells his friend about a fortuneteller who advises him on where to find fish. This seemingly harmless conversation between two minor characters triggers a series of events that eventually costs the life of a supposedly immortal being and causes the great Tang Emperor himself to be dragged down to the underworld. He is released by the Ten Kings of the Underworld but is trapped in hell and only escapes with the help of a deceased courtier. *[Book 5]*

Barely making it back to the land of the living, the Emperor selects the young monk Xuanzang to undertake the journey, after being influenced by the great bodhisattva Guanyin. The young monk sets out on his journey. After many difficulties his path crosses that of Sun Wukong, and the monk releases him from his prison under a mountain. Sun Wukong becomes the monk's first disciple. *[Book 6]*

As their journey gets underway, they acquire three more

companions. First, a mysterious river-dwelling dragon who transforms into a white horse. *[Book 7]* Next, the pig-man Zhu Bajie, the embodiment of stupidity, laziness, lust and greed. In his previous life, Zhu was the Marshal of the Heavenly Reeds, but the Jade Emperor banished him to earth. He plunged from heaven to earth, ended up in the womb of a sow, was reborn as a man-eating pig monster, married to a farmer's daughter, fought with Sun Wukong, and ended up joining and becoming the monk's second disciple. *[Book 8]* And finally they meet Sha Wujing, who was once the Curtain Raising Captain but was banished from heaven by the Yellow Emperor for breaking an extremely valuable cup during a drunken visit to the Peach Festival. *[Book 9]*

As they travel westward, Heaven puts obstacles in their path. They arrive at a secluded mountain monastery which turns out to be the home of a powerful master Zhenyuan and an ancient and magical ginseng tree. As usual, the travelers' search for a nice hot meal and a place to sleep quickly turns into a disaster. *[Book 10]*

Next, Tangseng and his band of disciples come upon a strange pagoda in a mountain forest. Inside they discover the fearsome Yellow Robed Monster who is living a quiet life with his wife and their two children. Unfortunately the monster has a bad habit of ambushing and eating travelers. The travelers find themselves drawn into a story of timeless love and complex lies as they battle for survival against the monster and his allies. *[Book 11]*

The travelers arrive at level Top Mountain and encounter their most powerful adversaries yet: Great King Golden Horn and his younger brother Great King Silver Horn. These two monsters, assisted by their elderly mother and hundreds of well-armed demons, attempt to capture and liquefy Sun

Wukong, and eat the Tang monk and his other disciples. [Book 12]

Resuming their journey the monk and his disciples stop to rest at a mountain monastery in Black Rooster Kingdom. Tangseng is visited in a dream by someone claiming to be the ghost of a murdered king. Is he telling the truth or is he actually a demon in disguise? Sun Wukong offers to sort things out with his iron rod. But things do not go as planned. [Book 13]

Tangseng and his three disciples encounter a young boy hanging upside down from a tree. They rescue him only to discover that he is really Red Boy, a powerful and malevolent demon and, it turns out, Sun Wukong's nephew. The three disciples battle the demon but soon discover that he can produce deadly fire and smoke which nearly kills Sun Wukong. [Book 14]

Leaving Red Boy with the bodhisattva Guanyin, the travelers continue to the wild country west of China. They arrive at a strange city where Daoism is revered and Buddhism is forbidden. Sun Wukong gleefully causes trouble in the city, and finds himself in a series of deadly competitions with three Daoist Immortals. [Book 15]

Later, the travelers encounter a series of dangerous demons and monsters, including the Great Demon King who demands two human sacrifices each year [Book 16], and a monster who uses a strange and powerful weapon to disarm and defeat the disciples. [Book 17]

Springtime comes and the travelers run into difficulties and temptations in a nation of women and girls. Tangseng and Zhu become pregnant after drinking from the Mother and Child River. Then Tangseng is kidnapped by a powerful female demon who takes him to her cave and tries to seduce him.

Book 18

Continuing their journey, Tangseng has harsh words for the monkey king Sun Wukong. His pride hurt, Sun Wukong complains to the Bodhisattva Guanyin and asks to be released from his service to the monk. She refuses his request. This leads to a case of mistaken identity and an earthshaking battle. *[Book 19]* Then the travelers find their path blocked by a huge blazing mountain eight hundred miles wide. Tangseng refuses to go around it, so Sun Wukong must discover why the mountain is burning and how they can cross it. *[Book 20]*

Three years after an evil rainstorm of blood covers a city and defiles a beautiful Buddhist monastery, Tangseng and his three disciples arrive. This leads to an epic underwater confrontation with the All Saints Dragon King and his family, and later a group of poetry loving but dangerous nature spirits. *[Book 21]*

Tangseng sees a sign, "Small Thunderclap Monastery," and foolishly thinks they have reached their goal. Sun Wukong sees through the illusion, but the false Buddha in the monastery traps him between two gold cymbals and plans to kill his companions. *[Book 22]*

Continuing on their journey, they meet the king of Scarlet Purple Kingdom. The king is gravely ill, sick with grief over the loss of one of his wives who was abducted by a nearby demon king. Sun Wukong pretends to be a doctor and attempts to cure the king with a treatment not found in any medical textbook. Then he goes to rescue the imprisoned queen, leading to an earth-shaking confrontation with the demon king. *[Book 23]*

Tangseng goes alone to beg some food at the home of some beautiful and seemingly gentle young women. He soon finds out that they are far from gentle. Trapped in their web, he waits to be cooked and eaten while his three disciples attempt to rescue him by confronting the spider demons, a horde of biting insects, and a mysterious Daoist alchemist. *[Book 24]*

Later, the travelers meet a trio of powerful demons: a blue-haired lion, an old yellow-tusked elephant, and a huge terrifying bird called Great Peng. They try but fail to defeat the three demons. Finally, with nowhere else to turn, Sun Wukong goes to Spirit Mountain to beg help from the Buddha himself. *[Book 25]*

Tangseng and his disciples arrive at the capital of Bhiksu Kingdom and see a thousand little boys locked in cages in front of their homes. Sun Wukong arranges to get them safely out of the city. Then he and the others unravel a plot devised by two demons who, disguised as a Daoist master and his lovely daughter, have beguiled the king. They must defeat the demon, release the king from his spell, and save the children. *[Book 26]*

Walking through a forest, Tangseng sees a young woman tied to a tree. Ignoring Sun Wukong's warning, he rescues her. But he soon discovers that she is a powerful mouse demon with a taste for human flesh and a desire to marry the monk. *[Book 27]*

Tangseng ignores a warning from the Bodhisattva Guanyin and finds himself in a city where the king has vowed to kill ten thousand Buddhist monks and has already finished off 9,996. The travelers desperately try to avoid being the final four. *[Book 28]*

Approaching the Indian border, the travelers find themselves in a kingdom where it hasn't rained for three years because the prefect has angered the King of Heaven. After causing trouble but solving the problem, they continue to another kingdom where the disciples' magic weapons are stolen by some powerful demons. *[Book 29]*

Recovering their weapons and defeating the demons, the travelers continue their westward journey…

The Lazy Monk

懒[1]僧

---

[1] 懒　　　lǎn – lazy

Dì 91 Zhāng

Wǒ qīn'ài de háizi, nǐ yīnggāi zěnyàng xué dào?

Kòngzhì mǎ de xīnyì hé húsūn de xīn

Jǐn jǐn de bǎngzhe tāmen, tāmen huì fāchū wǔ zhǒng
yánsè de guāng

Sōng le tāmen, nǐ jiāng zǒu sāntiáo tòngkǔ de dào

Rúguǒ xiǎng yào shūshì de shēnghuó, tiān dān huì
lòu, nǐde yù xìng huì kū

Qùdiào fènnù, gāoxìng hé dānxīn, nǐ huì míngbái zhè
shénqí de àomì

Zài shàng yígè gùshì zhōng, wǒ gàosù le nǐ Tángsēng hé
tāde sān gè túdì zěnme hé shīzi móguǐ zhàndòu de, jiù le
Yù Huá Chéng. Zhīhòu, tāmen líkāi le nàge chéngshì, jìxù
xiàng xī zǒu. Tāmen zǒu le wǔ, liù tiān, ránhòu tāmen
kàndào le lìng yígè chéngshì.

第 91 章

我亲爱的孩子，你应该怎样学道？

> 控制马的心意和猢狲的心[1]
>
> 紧紧地绑着它们，它们会发出五种颜色的光
>
> 松了它们，你将走三条[2]痛苦的道
>
> 如果想要舒适的生活，天丹会漏[3]，你的玉性会枯
>
> 去掉愤怒、高兴和担心，你会明白这神奇的奥秘

在上一个故事中，我告诉了你唐僧和他的三个徒弟怎么和狮子魔鬼战斗的，救了玉华城。之后，他们离开了那个城市，继续向西走。他们走了五、六天，然后他们看到了另一个城市。

---

[1] The poem's first line says that the wandering mind must be brought under control. It refers to the Chinese expression 心猿意马 (xīn yuán yì mǎ), literally "the mind of an ape, the desire of a horse," that is, a wandering and restless mind.

[2] The three paths of virtue (三途, sān tú) in Buddhism are the paths of fire, swords and blood. But without mental discipline one ends up instead on the three paths of suffering and karmic retribution: the paths of hell, hungry ghosts, and beasts.

[3] 漏　　lòu – to leak

"Zhè hěn qíguài," Sūn Wùkōng kànzhe zhège chéngshì shuō. "Wǒ kàndào yì gēn qígān, dàn méiyǒu qí. Ràng wǒmen jìnqù, liǎojiě gèng duō de qíngkuàng."

Tāmen lái dào le chéng mén wài yígè hěn máng de jíshì, nà lǐ yǒu cháwū, jiǔdiàn hé mài mǐ hé yóu de shāngdiàn. Rénmen dōu kànzhe Zhōngguó lái de héshang hé tāde sān gè túdì, hóuwáng Sūn Wùkōng, zhū rén Zhū Bājiè, gāo gèzi hēi pífū de Shā Wùjìng. Sì wèi yóurén méiyǒu lǐ tāmen. Tāmen jìxù zǒuzhe, zhídào tāmen lái dào yígè sìmiào, shàngmiàn xiězhe "Cí Yún Sì."

"Wǒmen jìnqù ba," Tángsēng shuō. "Wǒmen kěyǐ ràng mǎ xiūxí, yào yìxiē shíwù."

Tāmen jìn le sìmiào. Nàlǐ dōu shì bàifó hé pá tǎlóu de rén. Yígè jīn zhōng qiāo xiǎngzhe, héshangmen zhèngzài niànjīng. Yí wèi héshang zǒu dào Tángsēng miànqián, wèn dào, "Huānyíng yóurénmen! Nǐmen cóng nǎlǐ lái?"

Tángsēng huídá shuō, "Zhège qióng héshang shì cóng Zhōngguó de Tángguó lái de. Wǒ hé wǒde túdìmen zhèng qù Líng Shān xiàng fózǔ qiú fójīng."

"这很奇怪，"孙悟空看着这个城市说。"我看到一根旗杆，但没有旗。让我们进去，了解更多的情况。"

他们来到了城门外一个很忙的集市，那里有茶屋，酒店和卖米和油的商店。人们都看着中国来的和尚和他的三个徒弟，猴王孙悟空、猪人猪八戒、高个子黑皮肤的沙悟净。四位游人没有理他们。他们继续走着，直到他们来到一个寺庙，上面写着"慈云寺。"

"我们进去吧，"唐僧说。"我们可以让马休息，要一些食物。"

他们进了寺庙。那里都是拜佛和爬塔楼的人。一个金钟敲响着，和尚们正在念经。一位和尚走到唐僧面前，问道，"欢迎游人们！你们从哪里来？"

唐僧回答说，"这个穷和尚是从中国的唐国来的。我和我的徒弟们正去灵山向佛祖求佛经。"

Héshang xiàng Tángsēng kòutóu. Tángsēng hěn chījīng, bāngzhe héshang zhàn qǐlái, wèn tā wèishénme kòutóu.

Héshang shuō, "Wěidà de lǎoshī, zài zhège dìfāng, héshangmen niàn fójīng, xiàng fózǔ qídǎo, xīwàng tāmen xià yícì shēngmìng néng chūshēng zài Zhōngguó. Nǐ láizì Zhōngguó, suǒyǐ nǐ yídìng yǒu yígè wěidà de línghún."

Tángsēng xiàozhe shuō, "Bù, wǒ zhǐshì yígè qióng héshang, líkāi jiā, xíngzǒu yàofàn. Zài zhèlǐ, nǐ kěyǐ xiǎngshòu ānjìng shūshì de shēnghuó. Nǐ shì yí wèi shòudào zhùfú de rén!" Ránhòu tā wèn, "Gàosù wǒ, guì dì jiào shénme míngzì, lí Líng Shān yǒu duō yuǎn?"

"Zhèlǐ shì Jīnpíng Fǔ, zài Yìndù dōngbù de biānjiè. Wǒmen lí shǒudū yǒu liǎng qiānlǐ zuǒyòu, dàn wǒmen bù zhīdào lí Líng Shān yǒu duō yuǎn."

Tángsēng gǎnxiè tā gàosù le tā zhèxiē. Ránhòu héshang qǐng Tángsēng liú xiàlái, zhù shàng jǐ tiān, guò Yuánxiāo Jié. Tā shuō, "Jiāng ānpái dēnglóng hé dēng, zhěng yè dōuhuì yǒu yīnyuè." Yóurénmen tóngyì liú xiàlái. Sìmiào de zhǔrén gěi tāmen chī le yí dùn sùshí wǎnfàn, dào le wǎnshàng, tāmen dōu chūqù kàn Jīn Dēng Qiáo shàng de dēnglóng.

和尚向<u>唐僧</u>叩头。<u>唐僧</u>很吃惊，帮着和尚站起来，问他为什么叩头。和尚说，"伟大的老师，在这个地方，和尚们念佛经，向佛祖祈祷，希望他们下一次生命能出生在<u>中国</u>。你来自<u>中国</u>，所以你一定有一个伟大的灵魂。"

<u>唐僧</u>笑着说，"不，我只是一个穷和尚，离开家，行走要饭。在这里，你可以享受安静舒适的生活。你是一位受到祝福的人！"然后他问，"告诉我，贵地叫什么名字，离<u>灵山</u>有多远？"

"这里是<u>金平府</u>，在<u>印度</u>东部的边界。我们离首都有两千里左右，但我们不知道离<u>灵山</u>有多远。"

<u>唐僧</u>感谢他告诉了他这些。然后和尚请<u>唐僧</u>留下来，住上几天，过<u>元宵</u>节。他说，"将安排灯笼和灯，整夜都会有音乐。"游人们同意留下来。寺庙的主人给他们吃了一顿素食晚饭，到了晚上，他们都出去看<u>金灯</u>桥上的灯笼。

Dì èr tiān, tāmen xiūxi, chī le zǎofàn hé zhōngfàn. Xiàwǔ,
tāmen qù chéng lǐ zǒu zǒu. Wǎnshàng, tāmen yòu chūqù
kàn Jīn Dēng Qiáo shàng de dēnglóng.

Dì sān tiān, Tángsēng shuō, "Zhège qióng héshang
yǒuguò shìyuàn, wǒ měi dào yízuò tǎ, jiù yào sǎo yíbiàn
zhè zuò tǎ. Qǐng ràng wǒ sǎo nǐde bǎotǎ hǎo ma?"
Héshang tóngyì le. Tā dǎkāi le tǎ mén. Tángsēng hé Shā
jìnqù le. Tángsēng yòng sàozhǒu sǎo le yì lóu. Tāmen zǒu
dào èr lóu, Tángsēng yòu sǎo le èr lóu. Tāmen jiù
zhèyàng jìxùzhe, zhídào tāmen lái dào le dǐnglóu. Tāmen
zài dǐnglóu xiūxi le yīhuǐ'er, kànzhe xiàmiàn de chéngshì.
Ránhòu tāmen xià le lóu. Zhè shí yòu shì wǎnshàng le.

"Wěidà de lǎoshī," héshang shuō, "qián liǎng gè
wǎnshàng nǐ dōu qù kàn le wǒmen de dēnglóng. Jīntiān
wǎnshàng shì zhǔyào de jiérì zhī yè. Wǒmen qù chéng lǐ,
zài nàlǐ kàn dēnglóng ba!"

Tángsēng tóngyì le. Tā hé sān gè túdì zǒu jìn chéng lǐ.
Tāmen kàndào le shénme?

Qiānwàn gè dēnglóng guà zài jíshì zhōng
tiānkōng zhōng, yuèliang xiàng yígè yuán yín pán

第二天，他们休息，吃了早饭和中饭。下午，他们去城里走走。晚上，他们又出去看金灯桥上的灯笼。

第三天，唐僧说，"这个穷和尚有过誓愿，我每到一座塔，就要扫一遍这座塔。请让我扫你的宝塔好吗？"和尚同意了。他打开了塔门。唐僧和沙进去了。唐僧用扫帚扫了一楼。他们走到二楼，唐僧又扫了二楼。他们就这样继续着，直到他们来到了顶楼。他们在顶楼休息了一会儿，看着下面的城市。然后他们下了楼。这时又是晚上了。

"伟大的老师，"和尚说，"前两个晚上你都去看了我们的灯笼。今天晚上是主要的节日之夜。我们去城里，在那里看灯笼吧！"

唐僧同意了。他和三个徒弟走进城里。他们看到了什么？

　　千万个灯笼挂在集市中
　　天空中，月亮像一个圆银盘

Yuèguāng zhào zài dēnglóng shàng, ràng tāmen

gèng míngliàng

Xuěhuā dēnglóng, méihuā dēnglóng

Xiàng chūntiān lǐ de suì bīng

Xiùhuā píngfēng dēnglóng, cǎi huà píngfēng

dēnglóng

Yòng bùtóng de yánsè zuò chéng

Lán shī dēnglóng, bái xiàng dēnglóng

Gāo guà zài chéngqiáng shàng

Yáng dēnglóng, tù dēnglóng

Gěi wūzi dài lái shēngmìng

Yīng dēnglóng, fènghuáng dēnglóng

Guà chéng liǎng cháng xíng

Lǎohǔ dēnglóng, mǎ dēnglóng

Yìqǐ bèi dài dào jiēdào shàng

Dēnglóng zài qiānwàn jiā wūzi shàng

Zàochéng hǎojǐ lǐ yún hé yānwù

Chuānglián hòumiàn měilì hàixiū de nǚhái kànzhe

rènao

月光照在灯笼上，让它们更明亮

雪花[1]灯笼，梅[2]花灯笼

像春天里的碎冰

绣花屏风灯笼，彩画屏风灯笼

用不同的颜色做成

蓝狮灯笼，白象灯笼

高挂在城墙上

羊灯笼，兔灯笼

给屋子带来生命

鹰灯笼，凤凰灯笼

挂成两长行

老虎灯笼，马灯笼

一起被带到街道上

灯笼在千万家屋子上

造成好几里云和烟雾

窗帘后面美丽害羞[3]的女孩看着热闹[4]

---

[1] 雪花　　　xuěhuā – snowflake
[2] 梅　　　　méi – plum plant or flower
[3] 害羞　　　hàixiū – a girl's shyness, as opposed to 怕生 (pàshēng), a general term for feeling uncomfortable when meeting strangers
[4] 热闹　　　rènao – hot and noisy, a scene that is lively and bustling with excitement

Qiáo shàng hēzuì de yóurén xiàozhe wánzhe

Yì zhěng yè dōushì yīnyuè hé gēshēng

Chùchù dōushì rén. Yǒuxiē rén chuānchéng guǐ de yàngzi, yǒuxiē rén chuānchéng dà xiàng de yàngzi. Xǔduō rén zài tiàowǔ hé chànggē.

Tángsēng hé qítā rén dōu lái dào qiáo shàng. Tāmen kàn dào le sān gè jùdà de dēnglóng, dēng zuò yǒu dàtǒng nàme dà. Dēnglóng sìzhōu shì cǎisè bōlí zuò de bǎotǎ. Tángsēng wèn, "Zhèxiē dēnglóng lǐ shāo de shì shénme yóu?"

Yí wèi héshang huídá shuō, "Wěidà de lǎoshī, wǒmen zhè lǐ yǒu hěnduō jiātíng. Měinián wǒmen xuǎn chū 240 gè jiātíng wéi 'dēngyóu jiātíng.' Tāmen bìxū zuò yì zhǒng tèbié de yóu. Měi tǒng kě zhuāng 500 jīn yóu, suǒyǐ yígòng xūyào 1,500 jīn yóu lái zhuāngmǎn sān gè tǒng. Měinián yào yòng 48,000 liǎng yínzi lái zhuāngmǎn suǒyǒu sān gè tǒng."

Sūn Wùkōng wèn, "Kěshì nǐmen zěnme néng zài yígè wǎnshàng shāo zhème duō yóu ne?"

桥上喝醉的游人笑着玩着
一整夜都是音乐和歌声

处处都是人。有些人穿成鬼的样子，有些人穿成大象的样子。许多人在跳舞和唱歌。

唐僧和其他人都来到桥上。他们看到了三个巨大的灯笼，灯座有大桶那么大。灯笼四周是彩色玻璃[1]做的宝塔。唐僧问，"这些灯笼里烧的是什么油？"

一位和尚回答说，"伟大的老师，我们这里有很多家庭。每年我们选出 240 个家庭为'灯油家庭。'他们必须做一种特别的油。每桶可装 500 斤油，所以一共需要 1,500 斤油来装满三个桶。每年要用 48,000 两银子来装满所有三个桶。"

孙悟空问，"可是你们怎么能在一个晚上烧这么多油呢？"

---

[1] 玻璃　　bōlí – glass

"Měi gè dēnglóng yǒu sìshíjiǔ gè dēngxīn. Měi gēn
dēngxīn dōu xiàng jīdàn yíyàng cū. Wǒmen diǎn shàng
dēnglóng, wǎnshàng de shíjiān, fózǔ chūxiàn. Yóu xiāoshī
le, dēng yě jiù miè le."

Zhū xiàozhe shuō, "A, wǒ cāi fózǔ bǎ suǒyǒu de yóu dōu
ná zǒu le."

"Shìde. Cóng gǔ dào xiànzài jiùshì zhèyàng." Jiù zài zhè
shí, tāmen tīngdào le tiānkōng zhōng páoxiāo de
fēngshēng. Suǒyǒu de rén dōu cóng qiáo shàng pǎo le.
Héshangmen yě pǎo le, dà hǎn, "Wěidà de lǎoshī,
wǒmen xiànzài xūyào líkāi. Fēng lái le. Zhòng fó lái le!"

Tángsēng méiyǒu dòng. Tā shuō, "Zhège qióng héshang
niàn fózǔ de míngzì, bài fózǔ. Rúguǒ xiànzài fózǔ lái zhèlǐ,
wǒ huì xiàng tāmen qídǎo."

Héshangmen dōu pǎo kāi le. Tángsēng táiqǐ tóu, kàndào
sān wèi fózǔ cóng tiānshàng xiàlái. Tā pǎo dào qiáo dǐng,
xiàng tāmen kòutóu. Sūn Wùkōng pǎo dào tā miànqián,
hǎn dào, "Shīfu, zhèxiē búshì fózǔ, tāmen shì xiémó!"
Dànshì yǐjīng tài wǎn le. Dēng dōu hēi

"每个灯笼有四十九个灯芯[1]。每根灯芯都像鸡蛋一样粗。我们点上灯笼，晚上的时间，佛祖出现。油消失了，灯也就灭了"

猪笑着说，"啊，我猜佛祖把所有的油都拿走了。"

"是的。从古到现在就是这样。"就在这时，他们听到了天空中咆哮的风声。所有的人都从桥上跑了。和尚们也跑了，大喊，"伟大的老师，我们现在需要离开。风来了。众佛来了！"

唐僧没有动。他说，"这个穷和尚念佛祖的名字，拜佛祖。如果现在佛祖来这里，我会向他们祈祷。"

和尚们都跑开了。唐僧抬起头，看到三位佛祖从天上下来。他跑到桥顶，向他们叩头。孙悟空跑到他面前，喊道，"师父，这些不是佛祖，他们是邪魔！"但是已经太晚了。灯都黑

---

[1] 灯芯　　dēngxīn – candle wick

le xiàlái, Táng héshang bèi fēng chuī zǒu le.

Sān gè túdì qù měigè dìfāng zhǎo, hǎnzhe Tángsēng.

Hésha ngmen wèn, "Fāshēng le shénme shì?"

Sūn Wùkōng xiàozhe huídá shuō, "Nǐmen dōu yǒu yǎnjīng, dàn kàn bùjiàn. Zhème duō nián lái, nǐmen yìzhí dōu bèi zhè sān gè yāoguài piàn le. Nǐmen yǐwéi tāmen shì lái xiǎngshòu dēngyóu de zhēn fó, dàn tāmen shì yāoguài. Yīnwèi wǒ lái qiáo shàng tài màn le, tāmen cáinéng zhuāzhù wǒde shīfu, bǎ tā dài zǒu. Xiànzài wǒ yào zhǎodào tā!"

Hóu wáng hěn kuài de tiào le qǐlái, wénzhe kōngqì. Tā wén dào yì gǔ láizì dōngběi de fēicháng nánwén de wèidào, tā yòng tāde jīndǒu yún hěnkuài de xiàng wèidào fēi qù. Bùjiǔ, tā lái dào le yízuò yí wàn chǐ gāo de dàshān. Tā tīngdào lǎohǔ hé bàozi de shēngyīn, tā kàndào lù, tā tīngdào héliú cóng shān biān fēikuài liúxià de shēngyīn. Tā kàn le sìzhōu, dàn méiyǒu kàndào rènhé yāoguài. Dàn jiēzhe tā kàndào sì gè rén, gǎnzhe yáng. Zài zǐxì kàn, tā fāxiàn tāmen shì Sì Zhí Gōng Cáo: Nián, Yuè, Rì hé Xiǎoshí.

Hěn kuài, tā báchū tāde jīn gū bàng, dà hǎn dào, "Nǐmen sì gè xiǎng yào qù nǎlǐ!"

了下来，唐和尚被风吹走了。

三个徒弟去每个地方找，喊着唐僧。和尚们问，"发生了什么事？"

孙悟空笑着回答说，"你们都有眼睛，但看不见。这么多年来，你们一直都被这三个妖怪骗了。你们以为他们是来享受灯油的真佛，但他们是妖怪。因为我来桥上太慢了，他们才能抓住我的师父，把他带走。现在我要找到他！"

猴王很快地跳了起来，闻着空气。他闻到一股来自东北的非常难闻的味道，他用他的筋斗云很快地向味道飞去。不久，他来到了一座一万尺高的大山。他听到老虎和豹子的声音，他看到鹿，他听到河流从山边飞快流下的声音。他看了四周，但没有看到任何妖怪。但接着他看到四个人，赶着羊。再仔细看，他发现他们是四值功曹：年，月，日和小时。

很快，他拔出他的金箍棒，大喊道，"你们四个想要去哪里！"

Sì Zhí Gōng Cáo mǎshàng huídá shuō, "Dà shèng, qǐng yuánliàng wǒmen. Nǐde shīfu zuìjìn biàndé yǒudiǎn lǎnduò. Tā yòng le hěn cháng shíjiān zài Cí Yún Sì lǐ chīfàn hé xiūxi. Zhè xuēruò le tāde jīngshén, ràng yāoguài zhuāzhù le tā. Wǒmen pà nǐ bù zhīdào zài nǎlǐ kěyǐ zhǎodào tā, suǒyǐ wǒmen lái zhèlǐ bāng nǐ."

"Rúguǒ nǐmen xiǎng bāng wǒ, zhèxiē yáng shì zěnme huí shì?"

"Wǒmen dài lái le sān zhī yáng, shì ràng nǐ jìdé nà jù lǎohuà, 'Sān yáng shì fánróng de kāishǐ.' Zhè yīnggāi duì nǐde shīfu yǒu bāngzhù."

Sūn Wùkōng fànghǎo tāde bàng, wèn dào, "Zhèlǐ shì yāoguài zhù de dìfāng ma?"

"Shìde. Zhè sān gè yāoguài de míngzì shì Pì Hán Dàwáng, Pì Shǔ Dàwáng hé Pì Chén Dàwáng. Tāmen zài Qīnglóng Shān shēnghuó le yìqiān nián. Tāmen xuéhuì le zěnme ràng zìjǐ kàn qǐlái xiàng fózǔ, piàn

四值功曹马上回答说，"大圣，请原谅我们。你的师父最近变得有点懒惰。他用了很长时间在慈云寺里吃饭和休息。这削弱了他的精神，让妖怪抓住了他。我们怕你不知道在哪里可以找到他，所以我们来这里帮你。"

"如果你们想帮我，这些羊是怎么回事？"

"我们带来了三只羊，是让你记得那句老话，'三阳是繁荣的开始[1]。'这应该对你的师父有帮助。"

孙悟空放好他的棒，问道，"这里是妖怪住的地方吗？"

"是的。这三个妖怪的名字是辟寒大王、辟暑大王和辟尘大王。他们在青龙山生活了一千年。他们学会了怎么让自己看起来像佛祖，骗

---

[1] This saying refers to the 11th hexagram in the book called 易经, yì jīng, known in English as the *I Ching* or *Book of Changes*. This hexagram is called *tai*. It has three broken lines on top representing the feminine *yin* and three solid lines underneath representing the masculine *yang*. This hexagram is associated with the first month of the year and the renewal of spring. Of course 羊, *yáng,* is also the Chinese word for goat!

zhège dìfāng de rénmen gěi tāmen tèbié de yóu. Jīnnián, tāmen jiàndào le nǐde shīfu, zhīdào chī tāde ròu kěyǐ chángshēng bùsǐ. Suǒyǐ tāmen jìhuà zài zuìjìn shāsǐ chīdiào tā."

Sūn Wùkōng gàosù Sì Zhí Gōng Cáo, tāmen kěyǐ zǒu le. Ránhòu tā kàn le sìzhōu, fāxiàn le yāoguài de shāndòng. Tāde rùkǒu shì yízuò shí lóu, yǒu liǎng shàn shímén. Mén shì kāizhe de. Sūn Wùkōng bǎ tóu shēn jìnqù, hǎn dào, "Nǐmen zhèxiē yāoguài, kuài bǎ wǒde shīfu huán gěi wǒ."

Jǐ gè niútóu móguǐ chūlái, duì tā hǎn dào, "Nǐ shì shuí, duì wǒmen dà hǎn dà jiào?"

"Wǒ shì Táng héshang de dà túdì. Wǒmen kàn dēnglóng de shíhòu, nǐmen de mówáng bǎ tā dài zǒu le. Xiànzài bǎ tā huán gěi wǒ. Rúguǒ nǐmen bú zhèyàng zuò, wǒ huì bǎ nǐmen de dòng fān dào guòlái, shāsǐ nǐmen suǒyǒu de rén."

Niú móguǐ pǎo le jìnqù, bǎ gāngcái fāshēng de shìqíng gàosù le sān wèi mówáng. Qízhōng yí wèi mówáng shuō, "Wǒmen gānggāng zhuāzhù zhège héshang, hái méiyǒu shíjiān wèn tāde míngzì hé tā láizì nǎlǐ. Háizimen, bǎ tā dài dào zhèlǐ lái, zhèyàng wǒmen jiù kě

这个地方的人们给他们特别的油。今年，他们见到了你的师父，知道吃他的肉可以长生不死。所以他们计划在最近杀死吃掉他。"

孙悟空告诉四值功曹，他们可以走了。然后他看了四周，发现了妖怪的山洞。它的入口是一座石楼，有两扇石门。门是开着的。孙悟空把头伸进去，喊道，"你们这些妖怪，快把我的师父还给我。"

几个牛头魔鬼出来，对他喊道，"你是谁，对我们大喊大叫？"

"我是唐和尚的大徒弟。我们看灯笼的时候，你们的魔王把他带走了。现在把他还给我。如果你们不这样做，我会把你们的洞翻倒过来，杀死你们所有的人。"

牛魔鬼跑了进去，把刚才发生的事情告诉了三位魔王。其中一位魔王说，"我们刚刚抓住这个和尚，还没有时间问他的名字和他来自哪里。孩子们，把他带到这里来，这样我们就可

yǐ wèn tā wèntí le."

Niú móguǐ zhuāzhù Tángsēng, bǎ tā tuō dào mówáng miànqián. Yígè mówáng shuō, "Nǐ cóng nǎlǐ lái, nǐ wèishénme xiàng wǒmen pǎo lái, búshì xiàng qítā rén nàyàng táozǒu?"

Tángsēng huídá shuō, "Bìxià, wǒ shì bèi dà Táng huángdì sòng lái bàifó, qù Léiyīn Sì qǔ fójīng. Wǒ chūshēng shí de míngzì jiào Chén Xuánzàng. Wǒ bèi jiàozuò Sānzàng, shì yīnwèi yǒu sān gè fángjiān, lǐmiàn quánshì fójīng, wǒ bìxū bǎ nàxiē fójīng dōu dài huílái. Dàn xiànzài dàjiā jiù jiào wǒ Tángsēng. Zuó wǎn zài qiáo shàng, wǒ kàndào bìxià cóng yún zhòng xiàlái, wǒ xiàng nǐmen kòutóu, yīnwèi wǒ yǐwéi nǐmen shì zhēn fózǔ."

"Shuí hé nǐ yìqǐ xīyóu?"

"Wǒ yǒu sān gè túdì. Dà túdì jiào Sūn Wùkōng, yě jiào Qí Tiān Dà Shèng."

Mówángmen tīngdào zhè, hěn chījīng. "Zhè jiùshì wǔbǎi nián qián zài tiānshàng zhǎo nàme duō máfan de dà shèng ma?"

"Shìde, shìde. Wǒde dì èr gè túdì shì Zhū Bājiè, yǐ

36

以问他问题了。"

牛魔鬼抓住<u>唐僧</u>，把他拖到魔王面前。一个魔王说，"你从哪里来，你为什么向我们跑来，不是像其他人那样逃走？"

<u>唐僧</u>回答说，"陛下，我是被大唐皇帝送来拜佛，去<u>雷音寺</u>取佛经。我出生时的名字叫<u>陈玄奘</u>。我被叫做<u>三藏</u>，是因为有三个房间，里面全是佛经，我必须把那些佛经都带回来。但现在大家就叫我<u>唐僧</u>。昨晚在桥上，我看到陛下从云中下来，我向你们叩头，因为我以为你们是真佛祖。"

"谁和你一起西游？"

"我有三个徒弟。大徒弟叫<u>孙悟空</u>，也叫<u>齐天大圣</u>。"

魔王们听到这，很吃惊。"这就是五百年前在天上找那么多麻烦的大圣吗？"

"是的，是的。我的第二个徒弟是<u>猪八戒</u>，以

qián shì Tiān Péng Yuánshuài. Wǒde dì sān gè túdì, jiùshì Juǎn Lián Dàjiàng Shā Wùjìng."

Mówáng ràng tāmen de xiǎo móguǐ yòng hěn zhòng de tiě suǒliàn suǒzhù Tángsēng. Ránhòu tāmen jiào lái le yí dàqún niú móguǐ, dào wàimiàn qù zhàndòu. Sūn Wùkōng zhàn zài yíkuài dà shítou hòumiàn, kànzhe tāmen. Měi gè mówáng dōu hěn dà, yǒu liǎng gè jiǎo hé sì gè jiān ěrduo. Zài tāmen shēnhòu, shì jǐ bǎi gè niú móguǐ, yǒu gāo yǒu ǎi, yǒu pàng yǒu shòu, yǒu lǎo yǒu niánqīng. Tāmen dōu názhe wǔqì. Zài tāmen de shàngmiàn yǒu sānmiàn dà qí, shàngmiàn xiězhe Pì Hán Dàwáng, Pì Shǔ Dàwáng hé Pì Chén Dàwáng.

Sūn Wùkōng zǒu shàng qián qù, hǎn dào, "Nǐmen zhèxiē wúfǎwútiān de qiángdào! Nǐmen bú rènshí lǎo hóuzi ma?"

Yǒu yí gè rén huídá shuō, "Yuánlái nǐ shì zài tiānshàng zhǎo máfan de nàge rén, shì ma? Wǒmen zhīdào nǐde míngzì, dàn bú rènshí nǐde liǎn. Xiànzài wǒmen kàndào nǐ zhǐshì yì zhī xiǎo hóuzi."

"Nǐmen zhèxiē tōu yóu zéi! Bié shuōhuà le, xiànzài bǎ wǒde shīfu huán gěi wǒ!"

Yāoguàimen yòng tāmen de wǔqì xiàng tā dǎ lái: Yì bǎ fǔtóu, yì bǎ

前是天蓬元帅。我的第三个徒弟，就是卷帘大将，沙悟净。"

魔王让他们的小魔鬼用很重的铁锁链锁住唐僧。然后他们叫来了一大群牛魔鬼，到外面去战斗。孙悟空站在一块大石头后面，看着他们。每个魔王都很大，有两个角和四个尖耳朵。在他们身后，是几百个牛魔鬼，有高有矮、有胖有瘦、有老有年轻。他们都拿着武器。在他们的上面有三面大旗，上面写着辟寒大王，辟暑大王和辟尘大王。

孙悟空走上前去，喊道，"你们这些无法无天的强盗！你们不认识老猴子吗？"

有一个人回答说，"原来你是在天上找麻烦的那个人，是吗？我们知道你的名字，但不认识你的脸。现在我们看到你只是一只小猴子。"

"你们这些偷油贼！别说话了，现在把我的师父还给我！"

妖怪们用他们的武器向他打来：一把斧头、一把

jiàn hé yì gēn guǎizhàng. Sūn Wùkōng zhàndòu shì wèile jiù shīfu de shēngmìng, sān gè yāoguài zhàndòu shì wèile chī héshang ròu chángshēng. Tāmen dǎ le yì zhěng tiān, dǎ le yìbǎi wǔshí duō gè láihuí. Zuìhòu yāoguàimen bāowéi le Sūn Wùkōng, Sūn Wùkōng yòng jīndǒu yún táo huí le Cí Yún Sì.

"Xiōngdìmen!" tā duì Zhū hé Shā shuō. "Wǒmen de shīfu bèi dàizǒu hòu, wǒ gēnzhe nánwén de fēng zǒu. Wǒ yù dào le Sì Zhí Gōng Cáo. Ránhòu wǒ fāxiàn le yígè shāndòng, shāndòng lǐmiàn yǒu sān gè mówáng hé hěnduō niú móguǐ. Zhè sān gè yāoguài duō nián lái yìzhí zài chéng lǐ tōu yóu, jiǎzhuāng chéng fózǔ. Wǒ hé tāmen suǒyǒu rén zhàndòu le yì zhěng tiān, dàn wǒ méiyǒu bànfǎ yíngdé zhàndòu, suǒyǐ wǒ yòng jīndǒu yún huí dào le zhèlǐ."

Sìmiào lǐ de héshang guòlái, yào gěi sān gè túdì wǎnfàn. "Wǒ bù xūyào chī rènhé dōngxi," Sūn Wùkōng shuō. "Wǒ yǐqián zài wǔbǎi nián zhōng méiyǒu chī rènhé shíwù huò hē rènhé dōngxi." Héshangmen yǐwéi tā zài kāiwánxiào. Tāmen ná lái le shíwù, sān gè túdì chī le wǎnfàn. Sūn Wùkōng shuō, "Wǒmen shuìjiào ba, míngtiān hé yāoguài zhàndòu."

Dàn Shā shuō, "Gēge, nǐ shuō shénme? Rúguǒ yāoguàimen jīn wǎn

剑和一根拐杖。<u>孙悟空</u>战斗是为了救师父的生命，三个妖怪战斗是为了吃和尚肉长生。他们打了一整天，打了一百五十多个来回。最后妖怪们包围了<u>孙悟空</u>，<u>孙悟空</u>用筋斗云逃回了<u>慈云寺</u>。

"兄弟们！"他对<u>猪</u>和<u>沙</u>说。"我们的师父被带走后，我跟着难闻的风走。我遇到了<u>四值功曹</u>。然后我发现了一个山洞，山洞里面有三个魔王和很多牛魔鬼。这三个妖怪多年来一直在城里偷油，假装成佛祖。我和他们所有人战斗了一整天，但我没有办法赢得战斗，所以我用筋斗云回到了这里。"

寺庙里的和尚过来，要给三个徒弟晚饭。"我不需要吃任何东西，"<u>孙悟空</u>说。"我以前在五百年中没有吃任何食物或喝任何东西。"和尚们以为他在开玩笑。他们拿来了食物，三个徒弟吃了晚饭。<u>孙悟空</u>说，"我们睡觉吧，明天和妖怪战斗。"

但<u>沙</u>说，"哥哥，你说什么？如果妖怪们今晚

zhǔ le chīdiào le wǒmen de shīfu, nà wǒmen gāi zěnme bàn? Zuì hǎo xiànzài jiù huíqù jiù tā."

Zhū hé Sūn Wùkōng dōu tóngyì le. Suǒyǐ tāmen gàosù héshang kānhù hǎo tāmen de mǎ hé xínglǐ. Sūn Wùkōng shuō, "Wǒmen yào qù zhuā zhèxiē jiǎ fó, bǎ tāmen dài huí zhèlǐ. Zhèyàng rénmen jiù bú zuò nàme duō de yóu le. Nà búshì hěn hǎo ma?"

煮了吃掉了我们的师父，那我们该怎么办？最好现在就回去救他。"

猪和孙悟空都同意了。所以他们告诉和尚看护好他们的马和行李。孙悟空说，"我们要去抓这些假佛，把他们带回这里。这样人们就不做那么多的油了。那不是很好吗？"

Dì 92 Zhāng

Sūn Wùkōng, Zhū, Shā fēi huí Qīnglóng Shān de shāndòng, zhǎo sān gè yāoguài. Zhū jǔqǐ bàzi, zhèng zhǔnbèi zá suì shí mén. Dàn Sūn Wùkōng shuō, "Děng děng, xiōngdì. Ràng wǒmen xiān lái kàn kàn shīfu shì búshì hái huózhe."

"Dàn dàmén shì suǒzhe de," Zhū huídá shuō. "Wǒmen zěnme jìnqù?"

"Dāngrán shì yòng mófǎ!" Hóuzi shuō le jǐ jù mó yǔ, biànchéng le yì zhī xiǎo yínghuǒchóng. Tā fēi dào shāndòng lǐ. Kàn le sìzhōu, tā kàndào xǔduō dà niú móguǐ zài dìshàng shuìzháo le. Kōngzhōng dōushì tāmen de dǎhān shēng. Tā zài wǎng lǐ fēi qù, tīngdào le kūshēng. Zài nàlǐ, tā fāxiàn Tángsēng bèi bǎng zài yì gēn zhùzi shàng. Tā zài shuō,

"Zìcóng shí duō nián qián líkāi Cháng'ān

wǒ zǒuguò le qiān shān wàn shuǐ

hěn gāoxìng yùdào yígè Yuánxiāo Jié

第 92 章

孙悟空、猪、沙飞回青龙山的山洞，找三个妖怪。猪举起耙子，正准备砸碎石门。但孙悟空说，"等等，兄弟。让我们先来看看师父是不是还活着。"

"但大门是锁着的，"猪回答说。"我们怎么进去？"

"当然是用魔法！"猴子说了几句魔语，变成了一只小萤火虫[1]。他飞到山洞里。看了四周，他看到许多大牛魔鬼在地上睡着了。空中都是他们的打鼾[2]声。他再往里飞去，听到了哭声。在那里，他发现唐僧被绑在一根柱子上。他在说，

> "自从十多年前离开长安
> 我走过了千山万水
> 很高兴遇到一个元宵节

---

[1] 萤火虫 yínghuǒchóng – firefly
[2] 打鼾　dǎhān – to snore

Wǒ shàng le Jīn Dēng Qiáo

Wǒ fēn bù chū zhēn jiǎ

Suǒyǐ wǒ bìxū zàicì shòudào tòngkǔ

Wǒ xīwàng wǒde túdìmen kuàidiǎn lái

Wǒ xīwàng tāmen de qiángdà lìliàng néng jiù wǒ!"

Tā táitóu kàn, kàndào le yínghuǒchóng. Tā shuō, "Zhè shì shénme? Zhè cái dì yī gè yuè, dàn yǐjīng yǒu yínghuǒchóng le!"

Yínghuǒchóng shuō, "Shīfu, wǒ zài zhèlǐ! Nǐ bùnéng fēn zhēn jiǎ. Nǐ bù tīng wǒde, nǐ ràng zhèxiē yāoguài bǎ nǐ dài zǒu. Wǒ xiànzài hé Zhū, Shā zài zhèlǐ. Suǒyǒu de yāoguài dōu shuìzho le. Ràng wǒmen líkāi zhèlǐ ba."

Sūn Wùkōng biàn huí yuánlái de yàngzi. Tā yòng mófǎ dǎkāi le suǒ, jiùchū le Tángsēng. Tāmen kāishǐ zǒuchū shāndòng. Dàn jiù zài zhè shí, yí gè yāoguài wáng duì niú móguǐ shuō, "Háizimen, jīntiān wǎnshàng zěnme méiyǒu rén xúnluó?" Dāngrán, suǒyǒu de yāoguài yīnwéi yì zhěng tiān de zhàndòu dōu fēicháng lèi le. Yāoguài wáng shuō le zhè huà hòu, jǐ gè móguǐ qǐlái zǒu dào shāndòng hòumiàn, qù kàn Táng héshang. Tāmen zhuàngshàng le Táng héshang hé Sūn Wùkōng.

我上了金灯桥

我分不出真假

所以我必须再次受到痛苦

我希望我的徒弟们快点来

我希望他们的强大力量能救我！"

他抬头看，看到了萤火虫。他说，"这是什么？这才第一个月，但已经有萤火虫了！"

萤火虫说，"师父，我在这里！你不能分真假。你不听我的，你让这些妖怪把你带走。我现在和猪、沙在这里。所有的妖怪都睡着了。让我们离开这里吧。"

孙悟空变回原来的样子。他用魔法打开了锁，救出了唐僧。他们开始走出山洞。但就在这时，一个妖怪王对牛魔鬼说，"孩子们，今天晚上怎么没有人巡逻？"当然，所有的妖怪因为一整天的战斗都非常累了。妖怪王说了这话后，几个魔鬼起来走到山洞后面，去看唐和尚。他们撞上了唐和尚和孙悟空。

Yígè niú móguǐ shuō, "Wǒde hǎo héshang, nǐ yǐjīng cóng suǒliàn zhōng táo le chūlái, dàn nǐ xiànzài yào qù nǎlǐ?"

Sūn Wùkōng báchū jīn gū bàng, shāsǐ le liǎng zhī xiǎo niú móguǐ. Shèngxià de rén dōu pǎo le huíqù, qiāodǎzhe yāoguài wáng shuìjiào fángjiān de mén, dà hǎn, "Bùhǎo le! Bùhǎo le! Máo húsūn shā le wǒmen de liǎng gè rén!"

Sūn Wùkōng jiào lái le tāde liǎng gè xiōngdì, sān rén hé yāoguài zhàndòu. Dànshì yīnwèi yào zhàndòu, tāmen zhǐ néng líkāi Tángsēng. Yāoguài wáng zàicì zhuā le Tángsēng, yòu yòng suǒliàn bǎ tā suǒ le qǐlái. Qízhōng yì rén shuō, "Suǒyǐ, nǐde xiǎopéngyǒu lái dào wǒmen de shāndòng zhǎo nǐ, shì ma? Hǎo ba, xiànzài wǒmen xǐng le, wǒmen bú huì ràng nǐ táopǎo de!"

Yāoguài wáng zhuǎnshēn hé sān gè túdì zhàndòu. Zhè chǎng zhàndòu jìxù le hěn cháng shíjiān, dàn méiyǒu rén néng yíng. Zuìhòu, Pì Hán Dàwáng bǎ niú móguǐ jiào lái bāng tā. Tāmen dōu chōng dào Zhū de miànqián, hé tā zhàndòu. Zhū dǎo zài dìshàng, bèi niú móguǐ bāowéi. Tāmen bǎ Zhū tuōjìn shāndòng, bǎ tā bǎng qǐlái. Ránhòu tāmen dōu pǎo xiàng Shā, wéizhù le tā, dǎ tā. Shā yě dǎo zài dìshàng, bèi niú móguǐ bǎng le qǐlái. Sūn Wùkōng zhīdào zìjǐ méiyǒu bànfǎ yí gè rén yíng nà

一个牛魔鬼说，"我的好和尚，你已经从锁链中逃了出来，但你现在要去哪里？"

孙悟空拔出金箍棒，杀死了两只小牛魔鬼。剩下的人都跑了回去，敲打着妖怪王睡觉房间的门，大喊，"不好了！不好了！毛猢狲杀了我们的两个人！"

孙悟空叫来了他的两个兄弟，三人和妖怪战斗。但是因为要战斗，他们只能离开唐僧。妖怪王再次抓了唐僧，又用锁链把他锁了起来。其中一人说，"所以，你的小朋友来到我们的山洞找你，是吗？好吧，现在我们醒了，我们不会让你逃跑的！"

妖怪王转身和三个徒弟战斗。这场战斗继续了很长时间，但没有人能赢。最后，辟寒大王把牛魔鬼叫来帮他。他们都冲到猪的面前，和他战斗。猪倒在地上，被牛魔鬼包围。他们把猪拖进山洞，把他绑起来。然后他们都跑向沙，围住了他，打他。沙也倒在地上，被牛魔鬼绑了起来。孙悟空知道自己没有办法一个人赢那

me duō móguǐ, suǒyǐ tā fēi zǒu le.

Tā huí dào le Cí Yún Sì. Nàlǐ de héshang wèn tā shì búshì jiù le Tángsēng. "Méiyǒu," tā huídá shuō, "nàliǐ yǒu hěnduō yāoguài, tāmen fēicháng qiángdà. Wǒ xiǎng wǒde shīfu shì ānquán de, yīnwèi tā dédào Guāngmíng Liùshén, Hēi'àn Liùshén, Dīng Jiǎ zhèxiē shén de bāngzhù. Dànshì, wǒ réngrán xūyào yìxiē bāngzhù. Wǒ bìxū qù tiāngōng. Nǐmen dōu liú zài zhèlǐ, kānhùzhe mǎ hé xínglǐ."

Tā hěn kuài fēi dào le tiāngōng de xīmén. Zài nàlǐ, tā yùdào le Tàibái Jīnxīng hé qítā yìxiē shénxiān. Tàibái Jīnxīng xiàng tā wènhǎo, wèn tā yào qù nǎlǐ.

Sūn Wùkōng huídá shuō, "Wǒ hé shīfu yìqǐ qù le Yìndù dōngbù. Wǒmen zhù zài Cí Yún Sì, kuàilè de guò Yuánxiāo Jié. Wǒmen qù le Jīn Dēng Qiáo, nàlǐ yǒu sān gè jùdà de dēnglóng shāozhe yì zhǒng tèbié de yóu. Nàge chéng lǐ de rén yǐwéi yóu shì tāmen měinián sòng gěi fózǔ de lǐwù, dàn měinián yǒu sān gè yāoguài jīng biànchéng fózǔ de yàngzi tōu yóu. Wǒde shīfu bù zhīdào zhè. Tā xiàng jiǎ fó jūgōng. Jiǎ fó zhuāzhù le tā, bǎ tā dài huí le Qīnglóng Shān de shāndòng. Wǒ xiǎng hé zhèxiē yāoguài zhàndòu, dàn tāmen duì wǒ lái shuō tài

么多魔鬼，所以他飞走了。

他回到了慈云寺。那里的和尚问他是不是救了唐僧。"没有，"他回答说，"那里有很多妖怪，他们非常强大。我想我的师父是安全的，因为他得到光明六神、黑暗六神、丁甲这些神的帮助。但是，我仍然需要一些帮助。我必须去天宫。你们都留在这里，看护着马和行李。"

他很快飞到了天宫的西门。在那里，他遇到了太白金星和其他一些神仙。太白金星向他问好，问他要去哪里。

孙悟空回答说，"我和师父一起去了印度东部。我们住在慈云寺，快乐地过元宵节。我们去了金灯桥，那里有三个巨大的灯笼烧着一种特别的油。那个城里的人以为油是他们每年送给佛祖的礼物，但每年有三个妖怪精变成佛祖的样子偷油。我的师父不知道这。他向假佛鞠躬。假佛抓住了他，把他带回了青龙山的山洞。我想和这些妖怪战斗，但他们对我来说太

qiángdà le. Xiànzài wǒ lái qǐng Yùhuáng Dàdì bāng wǒ liǎo jiè yíxià tāmen shì shuí, xiángfú tāmen."

Tàibái Jīnxīng xiàozhe shuō, "Wǒ rènshí zhèxiē yāoguài. Tāmen shì xīniú jīng. Zài tiāngōng lǐ kěyǐ kàndào tāmen de yàngzi, tāmen yǐjīng xué dào duōnián le, suǒyǐ tāmen xiànzài yǒu jùdà de mófǎ lìliàng. Tāmen kěyǐ zài yún zhōng fēi, zài wù zhōng zǒu. Tāmen de jiǎo shàng yǒu mólì. Rúguǒ nǐ xiǎng zhuāzhù tāmen, nǐ bìxū dédào Sì Mù Qín Xīng de bāngzhù."

"Wǒ zěnyàng cáinéng zhǎodào Sì Mù Qín Xīng?"

"Tāmen zài tiānshàng, jiù zài Dòu Niú Gōng wàimiàn. Rúguǒ nǐ xiǎng zhīdào gèngduō, qù wèn wèn Yùhuáng Dàdì."

Sūn Wùkōng xiàng tā dào le xiè, ránhòu tā zǒu jìn dàmén, fēi xiàng Tōngmíng Diàn. Zài nàlǐ, tā xiàng Sì Wèi Tiānshī jiěshì le tāde qíngkuàng. Tāmen ràng tā jìn Líng Xiāo Diàn, jiàn Yùhuáng Dàdì.

Huángdì tīngzhe Sūn Wùkōng jiǎng zhè shì. Tā yào mìnglìng yìxiē tiānshàng de zhànshì qù jiějué zhè shì, dàn Sūn Wùkōng shuō, "Gāngcái, Tàibái

强大了。现在我来请玉皇大帝帮我了解一下他们是谁，降伏他们。"

太白金星笑着说，"我认识这些妖怪。他们是犀牛[1]精。在天宫里可以看到他们的样子，他们已经学道多年了，所以他们现在有巨大的魔法力量。他们可以在云中飞，在雾中走。他们的角上有魔力。如果你想抓住他们，你必须得到四木禽星的帮助。"

"我怎样才能找到四木禽星？"

"他们在天上，就在斗牛宫外面。如果你想知道更多，去问问玉皇大帝。"

孙悟空向他道了谢，然后他走进大门，飞向通明殿。在那里，他向四位天师解释了他的情况。他们让他进灵霄殿，见玉皇大帝。

皇帝听着孙悟空讲这事。他要命令一些天上的战士去解决这事，但孙悟空说，"刚才，太白

---

[1] 犀牛   xīniú – rhinoceros

Jīnxīng gàosù wǒ, zhèxiē yāoguài dōushì xīniú jīng. Tā shuō, zhǐyǒu Sì Mù Qín Xīng cáinéng xiángfú tāmen."

Yùhuáng Dàdì tóngyì le, ràng rén gěi Sì Mù Qín Xīng sòng qù le mìnglìng. Nà Sì Mù Qín Xīng shì Jiǎo Mù Jiāo, Dòu Mù Xiè, Kuí Mù Láng, Jǐng Mù Àn.

Sūn Wùkōng kàndào tāmen, xiàozhe shuō, "Ó, shì nǐmen sì gè! Rúguǒ wǒ zhīdào wǒ yào jiàn de shì èrshíbāxiù de sì mù, wǒ jiù zìjǐ lái jiàn nǐmen, búyòng wèn huángdì le!"

"Nǐ zěnme néng zhème shuō ne?" tāmen huídá shuō. "Chú le huángdì de mìnglìng, wǒmen shénme yě bùnéng zuò. Xiànzài, nǐ xiǎng ràng wǒmen lái zhèlǐ zuò shénme?"

"Qīnglóng Shānshàng de shāndòng lǐ zhùzhe yìxiē xīniú jīng."

Jiǎo Mù Jiāo shuō, "Nǐ bù xūyào wǒmen suǒyǒu de rén. Zhǐyào wèn yíxià Dòu Mù Xiè, tā hěn lìhài. Tā kěyǐ páshān chī lǎohǔ, tā kěyǐ xià hǎi zhuā xīniú."

"Bù!" Sūn Wùkōng shuō. "Nǐ bù míngbái, zhèxiē xīniú tōngguò jǐ bǎi nián de xuéxí, yǐjīng dé le dào. Tāmen fēicháng qiáng

金星告诉我，这些妖怪都是犀牛精。他说，只有四木禽星才能降伏他们。"玉皇大帝同意了，让人给四木禽星送去了命令。那四木禽星是角木蛟、斗木獬、奎木狼、井木犴[1]。

孙悟空看到他们，笑着说，"哦，是你们四个！如果我知道我要见的是二十八宿的四木，我就自己来见你们，不用问皇帝了！"

"你怎么能这么说呢？"他们回答说。"除了皇帝的命令，我们什么也不能做。现在，你想让我们来这里做什么？"

"青龙山上的山洞里住着一些犀牛精。"

角木蛟说，"你不需要我们所有的人。只要问一下斗木獬，他很厉害。他可以爬山吃老虎，他可以下海抓犀牛。"

"不！"孙悟空说。"你不明白，这些犀牛通过几百年的学习，已经得了道。他们非常强

---

[1] These four constellations are collectively known as 四木禽星 (Sì Mù Qín Xīng), the Four Wood Birds.

dà. Wǒ xūyào nǐmen sì gè rén yìqǐ."

Jiù zhèyàng, Sūn Wùkōng hé Sì Mù Qín Xīng lái dào
Qīnglóng Shān de shāndòng. Yīnwèi shímén bèi dǎ huài,
niú móguǐmen zài dòngkǒu fàng le mùbǎn. Sūn Wùkōng
hǎnzhe ràng yāoguài wáng chūlái. Bùjiǔ zhīhòu, sān gè
yāoguài wáng dōu chuānzhe kuījiǎ chūlái le. Yí dàqún niú
móguǐ gēnzhe tāmen, shǒu lǐ názhe dāo hé cháng máo,
huīdòngzhe qízi, qiāozhe gǔ. Yāoguài wáng ràng niú
móguǐ sàn kāi, bāowéi Sūn Wùkōng. Dàn tūrán, Sì Mù Qín
Xīng názhe wǔqì pǎo le shàngqù, hǎn dào, "È shòu, búyào
dòng!"

"Ò, bù!" yāoguài wáng hǎn dào. "Zhè hěn bùhǎo!
Háizimen, wèile nǐmen de shēngmìng táo ba!" Suǒyǒu de
niú móguǐ dōu biàn huí le yuánlái de yàngzi. Tāmen shì
shān niú, shuǐniú hé huángniú. Tāmen dōu zài shānshàng
fāfēng yíyàng de pǎozhe. Sān wèi yāoguài wáng yě huīfù
le tāmen yuánlái de yàngzi. Fàngxià le wǔqì, tāmen de
shuāngshǒu biànchéng qián tuǐ, tāmen de shēntǐ
biànchéng dà xīniú de shēntǐ. Tāmen de tuǐ cǎi zài
dìshàng fāchū xiàng léi yíyàng de shēngyīn, xiàng dōngběi
fāngxiàng pǎo qù, Sūn Wùkōng hé Jǐng Mù Àn, Jiǎo Mù
Jiāo liǎng wèi mùxīng jǐn zhuīzhe tāmen. Dòu Mù Xiè hé
Kuí Mù Láng liǎng wèi mùxīng pǎo dào shāndòng lǐ,
jiùchū le Tángsēng, Zhū hé Shā.

大。我需要你们四个人一起。"

就这样，孙悟空和四木禽星来到青龙山的山洞。因为石门被打坏，牛魔鬼们在洞口放了木板。孙悟空喊着让妖怪王出来。不久之后，三个妖怪王都穿着盔甲出来了。一大群牛魔鬼跟着他们，手里拿着刀和长矛，挥动着旗子，敲着鼓。妖怪王让牛魔鬼散开，包围孙悟空。但突然，四木禽星拿着武器跑了上去，喊道，"恶兽，不要动！"

"哦，不！"妖怪王喊道。"这很不好！孩子们，为了你们的生命逃吧！"所有的牛魔鬼都变回了原来的样子。他们是山牛，水牛和黄牛。他们都在山上发疯一样的跑着。三位妖怪王也恢复了他们原来的样子。放下了武器，他们的双手变成前腿，他们的身体变成大犀牛的身体。他们的腿踩在地上发出像雷一样的声音，向东北方向跑去，孙悟空和井木犴、角木蛟两位木星紧追着他们。斗木獬和奎木狼两位木星跑到山洞里，救出了唐僧、猪和沙。

Tángsēng xiàng Dòu Mù Xiè hé Kuí Mù Láng jūgōng dàoxiè. Tā shuō, "Kěshì wǒde túdì Wùkōng zài nǎlǐ?" Èr wèi mùxīng jiěshì shuō, tā zhèngzài zhuī yāoguài wáng. Tángsēng yòu zàicì dǎo dì kētóu.

"Kěyǐ le," Zhū shuō. "Nǐ bù xūyào yìzhí jūgōng. Zhèxiē mùxīng zhǐshì zhào huángdì de mìnglìng bànshì. Xiànzài, ràng wǒmen huǐ le zhège shāndòng. Ránhòu wǒmen jiù kěyǐ huí dào sìmiào, děng gēge le."

Dòu Mù Xiè hé Kuí Mù Láng dōu tóngyì, tāmen líkāi qù bāngzhù Sūn Wùkōng hé lìngwài liǎng wèi mùxīng. Zhū hé Shā cóng shāndòng lǐ qǔchū le suǒyǒu de jīnzi hé zhūbǎo, ránhòu tāmen diǎn qǐ dàhuǒ, bǎ shāndòng lǐ de suǒyǒu dōngxi dóu shāo chéng le huī.

Zāinàn zài zuì chénggōng de shíhòu chūxiàn
Yígè rén zài kuàilè zhōng huì yùdào xié'è
Ài dēnglóng, fófǎ jiù huì shòudào yǐngxiǎng
Héshang de xīn bèi kě'ài de guāng xuēruò

唐僧向斗木獬和奎木狼鞠躬道谢。他说，"可是我的徒弟悟空在哪里？"二位木星解释说，他正在追妖怪王。唐僧又再次倒地磕头。

"可以了，"猪说。"你不需要一直鞠躬。这些木星只是照皇帝的命令办事。现在，让我们毁了这个山洞。然后我们就可以回到寺庙，等哥哥了。"

斗木獬和奎木狼都同意，他们离开去帮助孙悟空和另外两位木星。猪和沙从山洞里取出了所有的金子和珠宝，然后他们点起大火，把山洞里的所有东西都烧成了灰。

> 灾难在最成功的时候出现[1]
> 一个人在快乐中会遇到邪恶
> 爱灯笼，佛法就会受到影响
> 和尚的心被可爱的光削弱

---

[1] The idea that victory holds the seeds of defeat, and vice versa, is common in Chinese thought. The yin-yang symbol illustrates this. And the *Dao De Jing* says, "Emptiness and existence transform into each other, difficult and easy come from each other, long and short compare to each other, high and low flow from each other, before and after follow each other."

Yào yǒngyuǎn shǒuwèi dān dào

Méiyǒu le tā, nǐ huì bù zhīdào nǐde dào

Jǐn jǐn zhuā zhù, búyào ràng tā luàn zǒu

Yìshí de lǎnduò huì dài lái zāinàn

Dòu Mù Xiè hé Kuí Mù Láng zhuī shàng le Sūn Wùkōng, gēn tā jiǎng le tāmen shì zěnme jiùchū Tángsēng, Zhū hé Shā de. "Xièxiè!" Sūn Wùkōng shuō. "Sān gè yāoguài wáng yǐjīng tiào jìn le dàhǎi. Jǐng Mù Àn hé Jiǎo Mù Jiāo gēn zài tāmen shēnhòu tiào jìn dàhǎi, dàn tāmen ràng wǒ liú zài zhèlǐ, kànzhe àn biān. Búguò, xiànzài nǐmen lái le, wǒ jiù xià hǎi qù bāngzhù tāmen."

Sūn Wùkōng zhuāqǐ le tāde bàng. Tā yòng shǒuzhǐ zuò le yígè mófǎ shǒushì, bǎ shuǐ fēnkāi. Ránhòu tā fēi dào le hǎidǐ. Tā fāxiàn sān gè yāoguài wáng zhèngzài gēn Jǐng Mù Àn hé Jiǎo Mù Jiāo zhàndòu. Dāng yāoguài wángmen kàndào Sūn Wùkōng jiārù le zhàndòu, tāmen wèile zìjǐ de shēngmìng, zhuǎnshēn táopǎo, Sūn Wùkōng, Jǐng Mù Àn hé Jiǎo Mù Jiāo jǐn gēn zài tāmen de shēnhòu.

Dāng tāmen jīngguò dàhǎi shí, tāmen jīngguò le jǐ gè wàichū xúnluó

要永远守卫丹道[1]

没有了它，你会不知道你的道

紧紧抓住，不要让它乱走

一时的懒惰会带来灾难

斗木獬和奎木狼追上了孙悟空，跟他讲了他们是怎么救出唐僧、猪和沙的。"谢谢！"孙悟空说。"三个妖怪王已经跳进了大海。井木犴和角木蛟跟在他们身后跳进大海，但他们让我留在这里，看着岸边。不过，现在你们来了，我就下海去帮助他们。"

孙悟空抓起了他的棒。他用手指做了一个魔法手势，把水分开。然后他飞到了海底。他发现三个妖怪王正在跟井木犴和角木蛟战斗。当妖怪王们看到孙悟空加入了战斗，他们为了自己的生命，转身逃跑，孙悟空、井木犴和角木蛟紧跟在他们的身后。

当他们经过大海时，他们经过了几个外出巡逻

---

[1] Daoist inner alchemy teaches how to purify one's spirit, mind and body. This brings health, wisdom and long life.

de yèchā. Yèchāmen mǎshàng yóu huí dào tāmen de lǎobǎn xīhǎi Lóngwáng Áoshùn nàlǐ. Tāmen gàosù Áoshùn, sān zhī xīniú zhèng bèi Sūn Wùkōng hé liǎng wèi mùxīng zhuīgǎnzhe. Áoshùn mǎshàng zhīdào, tā yào bāngzhù Sūn Wùkōng. Tā mìnglìng tā dí shìbīng kuài chū gōngdiàn, bāngzhù Sūn Wùkōng. Tāmen lái dào sān gè yāoguài wáng miànqián, dǎngzhù le tāmen. Yāoguài wáng bèi kùnzhù le. Tāmen měi gè rén dōu xiàngzhe bùtóng de fāngxiàng táo.

Qízhōng yígè yāoguài wáng, Pì Chén Dàwáng, hěn kuài jiù bèi lóngwáng hé tāde shìbīng bāowéi le. Sūn Wùkōng hǎn dào, "Bié shā tā, wǒmen yào tā huózhe!" Shìbīngmen bǎ tā bǎng qǐlái, yòng tiě gōu chuān le t de bízi.

Pì Shǔ Dàwáng yě bèi zhuā le. Dàn Pì Hán Dàwáng jiù méiyǒu nàme hǎo de yùnqì le. Děngdào Sūn Wùkōng lái dào tā shēnbiān shí, shìbīngmen yǐjīng zhuāzhù tā, shāsǐ le tā. Tāmen bǎ sǐ le de xīniú tuō huí le gōngdiàn. Sūn Wùkōng ràng shìbīngmen kǎn le jiǎo, bō le pí, dàn bǎ ròu gěi le lóngwáng.

Ránhòu tāmen huí dào le Jīnpíng Fǔ. Jiǎo Mù Jiāo yòng chuānguò Pì Chén Dàwáng bízi de shéngzi qiānzhe tā. Jǐng Mù Àn yě yòng yíyàng de fāngfǎ qiānzhe Pì Shǔ Dàwáng. Lìngwài liǎng wèi mù xīng Kuí Mù Láng hé Dòu Mù Xiè

的夜叉。夜叉们马上游回到他们的老板西海龙王敖顺那里。他们告诉敖顺，三只犀牛正被孙悟空和两位木星追赶着。敖顺马上知道，他要帮助孙悟空。他命令他的士兵快出宫殿，帮助孙悟空。他们来到三个妖怪王面前，挡住了他们。妖怪王被困住了。他们每个人都向着不同的方向逃。

其中一个妖怪王，辟尘大王，很快就被龙王和他的士兵包围了。孙悟空喊道，"别杀他，我们要他活着！"士兵们把他绑起来，用铁钩穿了他的鼻子。

辟暑大王也被抓了。但辟寒大王就没有那么好的运气了。等到孙悟空来到他身边时，士兵们已经抓住他，杀死了他。他们把死了的犀牛拖回了宫殿。孙悟空让士兵们砍了角，剥了皮，但把肉给了龙王。

然后他们回到了金平府。角木蛟用穿过辟尘大王鼻子的绳子牵着他。井木犴也用一样的方法牵着辟暑大王。另外两位木星奎木狼和斗木獬

yě jiārù le tāmen.

Dāng tāmen jiējìn Jīnpíng Fǔ shí, Sūn Wùkōng cóng yún zhōng hǎn dào, "Zhè dìfāng de suǒyǒu rén, tīng wǒ shuō! Wǒmen shì dà Táng lái de héshang, qù xītiān qǔjīng. Wǒmen yǐjīng zhīdào le nàxiē názǒu nǐmen yóu de jiǎ fózǔ de zhēnxiàng. Tāmen qíshí shì xīniú jīng. Zhèxiē xīniú jīng tōu le nǐmen de dēngyóu, zhuā le wǒde shīfu. Tiānshàng de shén bāngzhù wǒmen xiángfú le zhèxiē xīniú jīng. Cóng xiànzài kāishǐ, nǐmen bù xūyào zài zuò zhè zhǒng tèbié de hěn guì de yóu le."

Zhè zhīhòu, Sūn Wùkōng hé mùxīngmen lái dào dìshàng, bǎ liǎng zhī huózhe de xīniú jīng hé yì zhī sǐ le de xīniú jīng dài dào le jùn hóu jiā. Zhū, Shā hé Tángsēng yě jiārù le jìnlái, Tángsēng bèi nàge dìfāng de yìxiē héshang tái shàng le jiàozi. Sūn Wùkōng xiàng dàjiā jiǎng le tā qù tiānshàng, Yùhuáng Dàdì de fǎlìng, sì wèi mùxīng de bāngzhù hé hǎidǐ zuìhòu yì chǎng dà de zhàndòu de gùshì.

Dāng Sūn Wùkōng jiǎng gùshì de shíhòu, Zhū biàndé yuè lái yuè shēngqì.

也加入了他们。

当他们接近金平府时，孙悟空从云中喊道，
"这地方的所有人，听我说！我们是大唐来的
和尚，去西天取经。我们已经知道了那些拿走
你们油的假佛祖的真相。他们其实是犀牛精。
这些犀牛精偷了你们的灯油，抓了我的师父。
天上的神帮助我们降伏了这些犀牛精。从现在
开始，你们不需要再做这种特别的很贵的油
了。"

这之后，孙悟空和木星们来到地上，把两只活
着的犀牛精和一只死了的犀牛精带到了郡侯
家。猪、沙和唐僧也加入了进来，唐僧被那个
地方的一些和尚抬上了轿子。孙悟空向大家讲
了他去天上、玉皇大帝的法令、四位木星的帮
助和海底最后一场大的战斗的故事。

当孙悟空讲故事的时候，猪变得越来越生气。

Zuìhòu, tā zhuāqǐ yì bǎ dāo, kǎndiào le Pì Shǔ Dàwáng hé Pì Chén Dàwáng de tóu.

Sūn Wùkōng shuō, "Ràng sì wèi mùxīng kǎn xià zhè liǎng zhī xīniú de jiǎo, bǎ tāmen hé wǒmen de gǎnxiè dài gěi Yùhuáng Dàdì. Wǒmen bǎ dì sān zhī xīniú jiǎo gěi Jīnpíng Fǔ de rénmen, ràng nǐmen zài wèilái de jǐ nián jìzhù zhèlǐ fāshēngguò de shìqing. Wǒmen yào dài zǒu yì zhī jiǎo, děng wǒmen dào Líng Shān shí, bǎ tā sòng gěi fózǔ."

Suīrán sì wèi yóurén jiéshù le Jīnpíng Fǔ de shì. Dàn jùn hóu hái bú ràng tāmen líkāi. Tā xiān jǔxíng le yì chǎng dà de sùshí yànhuì. Ránhòu tā fā le yígè fǎlìng, shuō dì èr nián bú huì zài yǒu Yuánxiāo Jié le, rènhé jiātíng dōu bù xūyào zài wèi wèilái de jiérì sòng tèbié de yóu. Tā hái mìnglìng bǎ sǐ xīniú de ròu fā gěi suǒyǒu de rén. Tā mìnglìng jiàn yízuò sìmiào, zhèyàng rénmen huì yìzhí jìzhù sì wèi mùxīng duì xīniú yāoguài de shènglì.

最后，他抓起一把刀[1]，砍掉了<u>辟暑</u>大王和<u>辟尘</u>大王的头。

<u>孙悟空</u>说，"让四位木星砍下这两只犀牛的角，把它们和我们的感谢带给<u>玉皇大帝</u>。我们把第三只犀牛角给<u>金平府</u>的人们，让你们在未来的几年记住这里发生过的事情。我们要带走一只角，等我们到<u>灵</u>山时，把它送给佛祖。"

虽然四位游人结束了<u>金平府</u>的事。但郡侯还不让他们离开。他先举行了一场大的素食宴会。然后他发了一个法令，说第二年不会再有<u>元宵</u>节了，任何家庭都不需要再为未来的节日送特别的油。他还命令把死犀牛的肉发给所有的人。他命令建一座寺庙，这样人们会一直记住四位木星对犀牛妖怪的胜利[2]。

---

[1] This is a special knife, 戒刀 (jièdāo), literally "knife to guard against evil," also called a precept knife. It was worn by monks but only used to cut clothing, slice food, and trim hair and fingernails, never used for killing. According to legend, when Buddha Shakyamuni lived in the world the monks needed to mend their clothing but they had no cutting tools, so some monks resorted to tearing cloth with their hands and teeth. Seeing this, Buddha allowed the monks to use a special knife for this purpose.

[2] 胜利　shènglì – victory

240 gè dēngyóu jiātíng zhōng de měi yìjiā dōu fēicháng gǎnjī, xīwàng zài jiāzhōng wèi yóurénmen jǔxíng dà yàn, měitiān wǎnshàng yígè, jìxù 240 tiān. Suǒyǐ tāmen měitiān wǎnshàng dōu zài bùtóng de jiālǐ chīfàn, měitiān wǎnshàng Zhū cóng xiùzi lǐ náchū jǐ kē zhūbǎo sòng gěi qǐng tāmen de jiātíng. Yígè yuè hòu, Tángsēng rěnshòu bùliǎo le. Tā ràng Sūn Wùkōng bǎ shèngxià de zhūbǎo sòng gěi sìmiào, hái gàosù tāde túdìmen, tāmen dì èr tiān límíng qián jiù yào líkāi. Tā shuō, "Wǒ dānxīn, rúguǒ wǒmen zài zhèlǐ zhù dé tài jiǔ, xiǎngshòu shēnghuó, fózǔ kěnéng huì shēngqì, wǒmen huì yùdào gèngduō de máfan."

Dì èr tiān zǎoshàng, Tángsēng zài wǔ gēng shí xǐng le. Tā ràng Zhū bǎ mǎ zhǔnbèi hǎo. Zhū duì zhè gǎndào bù gāoxìng, shuō, "Wǒmen wèishénme yào líkāi? Suǒyǒu 240 gè jiātíng dōu xiǎng qǐng wǒmen chīfàn, dànshì dào xiànzài, wǒmen cái chī le tāmen zhōng de 30 gè."

Tángsēng dàshēng dào, "Nǐ zhège pàng kǔlì, bié hǎn le. Rúguǒ nǐ yìzhí bàoyuàn, wǒ huì ràng Wùkōng yòng tāde jīn gū bàng qiāo diào nǐde yáchǐ!"

Zhū tīngdào zhèxiē shēngqì de huà shí, chījīng de zhǎ le zhǎ yǎn. Ránhòu tā ná qǐ xínglǐ. Shā yě zuòwán le tāde gōngzuò. Jiù zhè

240 个灯油家庭中的每一家都非常感激，希望在家中为游人们举行大宴，每天晚上一个，继续240 天。所以他们每天晚上都在不同的家里吃饭，每天晚上猪从袖子里拿出几颗珠宝送给请他们的家庭。一个月后，唐僧忍受不了了。他让孙悟空把剩下的珠宝送给寺庙，还告诉他的徒弟们，他们第二天黎明前就要离开。他说，"我担心，如果我们在这里住得太久，享受生活，佛祖可能会生气，我们会遇到更多的麻烦。"

第二天早上，唐僧在五更时醒了。他让猪把马准备好。猪对这感到不高兴，说，"我们为什么要离开？所有 240 个家庭都想请我们吃饭，但是到现在，我们才吃了他们中的 30 个。"

唐僧大声道，"你这个胖苦力，别喊了。如果你一直抱怨，我会让悟空用他的金箍棒敲掉你的牙齿！"

猪听到这些生气的话时，吃惊地眨了眨眼。然后他拿起行李。沙也做完了他的工作。就这

yàng, zài tàiyáng chūlái zhīqián, sì wèi yóurén líkāi le

Jīnpíng Fǔ. Tāmen shì

Ràng fènghuáng táo chū yù lóng

Dǎkāi suǒ ràng lóng zìyóu

样，在太阳出来之前，四位游人离开了<u>金平</u><u>府</u>。他们是

让凤凰逃出玉笼
打开锁让龙自由

Dì 93 Zhāng

Tángsēng hé tāde sān gè túdì líkāi Jīnpíng Fǔ, zǒu le bàn gè yuè zuǒyòu. Yǒu yìtiān, tāmen lái dào le lìng yízuò gāoshān. Tángsēng shuō tāmen yídìng yào xiǎoxīn, dàn Sūn Wùkōng zhǐshì xiàozhe shuō, "Wǒmen lí fó dì zhème jìn. Zhèlǐ bù kěnéng yǒu rènhé yāoguài huò móguǐ!"

"Shìde," Tángsēng shuō, "dàn yào jìzhù Jīnpíng Fǔ héshang gàosù wǒmen de huà. Tāmen shuō, dào Yìndù de shǒudū hái yǒu liǎng qiān lǐ. Wǒ xiǎng zhīdào wǒmen zǒu le duō yuǎn?"

"Shīfu, nǐ shì búshì yòu wàng le Chán Shī jiāo nǐde Xīnjīng?"

"Dāngrán méiyǒu. Xīnjīng jiù xiàng wǒde sēngyī huò wǒde yāofàn wǎn, tā yìzhí hé wǒ zài yìqǐ. Wǒ kěyǐ dào guòlái niàn."

"Nǐ zhīdào zěnme niàn, dàn nǐ zhīdào tāde yìsi ma?"

"Nǐ zhège bèn hóu tóu, wǒ dāngrán zhīdào shì shénme yìsi. Nǐ ne?"

"Shìde, wǒ zhīdào."

第 93 章

唐僧和他的三个徒弟离开金平府，走了半个月左右。有一天，他们来到了另一座高山。唐僧说他们一定要小心，但孙悟空只是笑着说，

"我们离佛地这么近。这里不可能有任何妖怪或魔鬼！"

"是的，"唐僧说，"但要记住金平府和尚告诉我们的话。他们说，到印度的首都还有两千里。我想知道我们走了多远？"

"师父，你是不是又忘了禅师教你的心经？"

"当然没有。心经就像我的僧衣或我的要饭碗，它一直和我在一起。我可以倒过来念。"

"你知道怎么念，但你知道它的意思吗？"

"你这个笨猴头，我当然知道是什么意思。你呢？"

"是的，我知道。"

Tāmen liǎ hěnjiǔ méiyǒu shuōhuà. Zhū juédé zhè yíqiè dōu hěn hǎowán. Tā shuō, "Wǒmen sān gè túdì kāishǐ de shíhòu dōu shì yāoguài jīng. Wǒmen búshì fójiào héshang, wǒmen cónglái méiyǒu tīngguò fójiào héshang jiǎng fójīng. Wǒ rènwéi lǎo hóuzi zhǐshì zài gěi wǒmen jiǎng yígè hěn nán ràng rén xiāngxìn de gùshì."

Dànshì Tángsēng duì Zhū shuō, "Wùkōng dǒngdé wú zì de jīng. Zhè cái shì zhēnzhèng de zhìhuì."

Zhè shí, tāmen yǐjīng guò le nà zuò gāoshān. Tāmen lái dào yízuò sìmiào. Tā bú tài dà, yě bú tài xiǎo. Lǜsè de wūdǐng, hóng zhuān qiáng wéizhe sìmiào. Dàmén shàng yǒu yígè dàzì pái, shàngmiàn xiězhe, "Bù Jīn Sì."

Tángsēng shuō, "Zhè hěn yǒu yìsi. Yǒu yígè guānyú Shě Wèi Chéng lǐ Zhī Shù Gěi Gū Yuán de gǔlǎo gùshì. Yígè míng jiào Xū Dá Duō de rén xiǎng cóng Qí Tuó tàizǐ nàlǐ mǎi xià tā, zhèyàng fózǔ jiù kěyǐ yòng tā lái jiǎngkè. Dàn tàizǐ shuō, zhège Zhī Shù Gěi Gū Yuán búshì yòng lái mài de. Dāng Xū Dá Duō zàicì wèn tā shí, tàizǐ shuō, 'Chúfēi yòng jīnzi gài mǎn zhège dìfāng, nǐ cáinéng mǎi Zhī Shù Gěi Gū Yuán.' Suǒyǐ, Xū Dá Duō yòng jīn zhuān gài mǎn le zhěnggè Zhī Shù Gěi Gū Yuán. Tàizǐ bǎ Zhī Shù Gěi Gū Yuán mài gěi le tā, Xū Dá Duō yāo

他们俩很久没有说话。猪觉得这一切都很好玩。他说，"我们三个徒弟开始的时候都是妖怪精。我们不是佛教和尚，我们从来没有听过佛教和尚讲佛经。我认为老猴子只是在给我们讲一个很难让人相信的故事。"

但是唐僧对猪说，"悟空懂得无字的经。这才是真正的智慧。"

这时，他们已经过了那座高山。他们来到一座寺庙。它不太大，也不太小。绿色的屋顶，红砖墙围着寺庙。大门上有一个大字牌，上面写着，"布金寺。"

唐僧说，"这很有意思。有一个关于舍卫城里祇树给孤园的古老故事。一个名叫须达多的人想从祇陀太子那里买下它，这样佛祖就可以用它来讲课。但太子说，这个祇树给孤园不是用来卖的。当须达多再次问他时，太子说，'除非用金子盖满这个地方，你才能买祇树给孤园。'所以，须达多用金砖盖满了整个祇树给孤园。太子把祇树给孤园卖给了他，须达多邀

qǐng fózǔ qù nàlǐ jiǎngkè."

Tāmen jìn le sìmiào. Yígè héshang jiàndào tāmen, shuō, "Shīfu, nǐmen cóng nǎlǐ lái?"

"Zhège qióng sēngrén jiào Chén Xuánzàng, shì dà Táng huángdì sòng lái qù xītiān bàifó, dài huí fójīng. Wǒmen zhǐshì lùguò guì miào, xīwàng wǒmen néng zài zhèlǐ zhù yì wǎn."

Héshang tóngyì le, yāoqǐng tāmen jìnlái hē chá hé chī sùshí. Tāmen dōu zuò le xiàlái. Tángsēng kāishǐ qídǎo, dàn Zhū mǎshàng kāishǐ bǎ shíwù fàng jìn zuǐ lǐ. Shā qīngshēng duì tā shuō, "Èr gē, jìzhù, shìjiè shàng yǒu hěnduō jūnzi, dàn tāmen dōu xiàng wǒmen yíyàng yǒu dùzi." Zhū xiǎng le xiǎng, jiù tíngzhǐ le chīshí.

Tángsēng wèn héshang, zhèlǐ shì búshì zhēnde shì yǒumíng de Zhī Shù Gěi Gū Yuán. "Shìde," héshang huídá shuō, "zhèlǐ yǐqián shì Zhī Shù Gěi Gū Yuán. Dànshì zài Xū Dá Duō yòng jīnzi gài mǎn le tā, mǎi le tā zhīhòu, gǎimíng wèi Bù Jīn Sì. Jíshǐ shì xiànzài, zài yì chǎng dàyǔ zhīhòu, wǒmen yǒushí yě huì zài dìshàng fāxiàn yì xiǎo kuài jīnzi."

"Wèishénme zhèlǐ yǒu zhème duō yóurén? Wǒmen zǒu guo dàmén

请佛祖去那里讲课。"

他们进了寺庙。一个和尚见到他们，说，"师父，你们从哪里来？"

"这个穷僧人叫<u>陈玄奘</u>，是<u>大唐</u>皇帝送来去西天拜佛，带回佛经。我们只是路过贵庙，希望我们能在这里住一晚。"

和尚同意了，邀请他们进来喝茶和吃素食。他们都坐了下来。<u>唐僧</u>开始祈祷，但<u>猪</u>马上开始把食物放进嘴里。<u>沙</u>轻声对他说，"二哥，记住，世界上有很多君子，但他们都像我们一样有肚子。"<u>猪</u>想了想，就停止了吃食。

<u>唐僧</u>问和尚，这里是不是真的是有名的<u>祇树给孤园</u>。"是的，"和尚回答说，"这里以前是<u>祇树给孤园</u>。但是在<u>须达多</u>用金子盖满了它、买了它之后，改名为<u>布金寺</u>。即使是现在，在一场大雨之后，我们有时也会在地上发现一小块金子。"

"为什么这里有这么多游人？我们走过大门

shí, kàndào xǔduō mǎ hé mǎchē."

"Wǒmen zhèlǐ de shān jiào Bǎi Jiǎo Shān. Tā yǐqián fēicháng ānquán. Dàn zuìjìn shānshàng chūxiàn le yìxiē wúgōng jīng. Tāmen zài lùshàng gōngjí rén. Méiyǒu rén bèi shāsǐ, dàn rénmen hàipà zài yèlǐ zǒulù. Suǒyǐ, dàng yèwǎn lái shí, shēngyì rén huì zài zhèlǐ guòyè. Dāng zǎoshang gōngjī jiào shí, tāmen cái líkāi."

"Wǒmen yě huì zhèyàng zuò," Tángsēng shuō.

Zhīhòu, Tángsēng hé Sūn Wùkōng zài yuèguāng xià zǒuzhe. Yígè shǒulǐ názhe zhú shǒuzhàng de lǎo héshang zǒu guòlái wèn dào, "Zhèshì cóng Zhōngguó lái de shīfu ma?"

"Wǒ bùgǎn jiēshòu zhège róngyù," Tángsēng huídá.

"Shīfu duōdà niánjì?"

"Wǒ wúyòng de guò le sìshíwǔ nián. Nǐ ne?"

"Wǒ hěn bèn de bǐ shīfu duō huó le liùshí nián."

Sūn Wùkōng shuō, "Nàme, nǐ shì yìbǎi líng wǔ suì. Nǐ kàn wǒ yǒu duōdà le?"

时，看到许多马和马车。”

“我们这里的山叫<u>百脚山</u>。它以前非常安全。但最近山上出现了一些蜈蚣精。他们在路上攻击人。没有人被杀死，但人们害怕在夜里走路。所以，当夜晚来时，生意人会在这里过夜。当早上公鸡叫时，他们才离开。”

“我们也会这样做，”<u>唐僧</u>说。

之后，<u>唐僧</u>和<u>孙悟空</u>在月光下走着。一个手里拿着竹手杖的老和尚走过来问道，“这是从<u>中国</u>来的师父吗？”

“我不敢接受这个荣誉，”<u>唐僧</u>回答。

“师父多大年纪？”

“我无用地过了四十五年。你呢？”

“我很笨地比师父多活了六十年。”

<u>孙悟空</u>说，“那么，你是一百零五岁。你看我有多大了？”

"Yuèguāng xià, wǒde yǎnjīng kàn bú tài qīng dōngxi, wǒ hěn nán kànchū nǐde niánlíng."

Tāmen shūshì ānjìng de zǒu le yīhuǐ'er. Tāmen cóng hòumén chūqù, lái dào yígè píngtái. Tūrán, Tángsēng tīng dào le kūshēng. "Nà shì shuí?" tā wèn.

Lǎo héshang huídá shuō, "Yì nián qián de jīntiān, zhège qióng héshang zài jìngzuò xiǎngzhe wǒmen hé yuèliang de guānxì. Wǒ tīngdào yígè shēngyīn. Kàn le sìzhōu, wǒ kàn dào yígè kě'ài de niánqīng nǚhái. Wǒ wèn tā shì shuí. Tā gàosù wǒ, 'Wǒ shì Yìndù guówáng de nǚ'ér. Wǒ bèi qiángfēng chuī dào le zhèlǐ.' Wǒ mǎshàng juédé tā yídìng shì yì zhǒng yāoguài, suǒyǐ wǒ bǎ tā suǒ zài yígè kōng fángjiān lǐ. Wǒ bǎ zhuān duī zài mén shàng, ràng tā biànchéng xiàng yígè jiānyù, mén shàng zhǐ liú le yígè xiǎo dòng, zhǐnéng ràng yígè fànwǎn tōngguò. Nǚhái hàipà qítā héshang huì xiǎng hé tā fāshēng xìng guānxì. Suǒyǐ zài báitiān, tā jiǎzhuāng fēng le, tǎng zài zìjǐ de shǐniào lǐ, shuōzhe fēnghuà. Dàn dào le wǎnshàng, tā kūzhe, qīng qīng de hǎnzhe tāde fùmǔ. Wǒ bù zhīdào gāi zěnme duì tā. Dànshì xiànzài dàshī

"月光下，我的眼睛看不太清东西，我很难看出你的年龄。"

他们舒适安静地走了一会儿。他们从后门出去，来到一个平台。突然，<u>唐僧</u>听到了哭声。"那是谁？"他问。

老和尚回答说，"一年前的今天，这个穷和尚在静坐想着我们和月亮的关系。我听到一个声音。看了四周，我看到一个可爱的年轻女孩。我问她是谁。她告诉我，'我是<u>印度</u>国王的女儿。我被强风吹到了这里。'我马上觉得她一定是一种妖怪，所以我把她锁在一个空房间里。我把砖堆在门上，让它变成像一个监狱，门上只留了一个小洞，只能让一个饭碗通过。女孩害怕其他和尚会想和她发生性[1]关系。所以在白天，她假装疯了，躺在自己的屎尿里，说着疯话。但到了晚上，她哭着、轻轻地喊着她的父母。我不知道该怎么对她。但是现在大师

---

[1] 性 xìng – sex, but also nature, character. The phrase 发生性关系 (fāshēng xìng guānxì) means to have sex.

láidào le zhèlǐ, wǒ xīwàng nǐ néng duì zhè jiàn shì shuō shuō nǐde xiǎngfǎ."

Tángsēng hé Sūn Wùkōng huí dào tāmen zìjǐ de fángjiān qù shuìjiào le. Zǎoshàng dāng gōngjī jiào shí, sì gè yóurén kāishǐ zhǔnbèi líkāi. Zài tāmen yào líkāi shí, lǎo héshang duì tāmen shuō, "Bié wàng le nàge liúlèi de nǚhái!"

"Dāngrán bú huì," Sūn Wùkōng shuō. "Děng wǒ dào le chéng lǐ, wǒ jiù huì fāxiàn zhēnxiàng." Tāmen hé yí dà qún shēngyì rén yìqǐ líkāi le sìmiào. Tāmen páshàng shānlù, zài zhōngwǔ qián, tāmen kàndào le chéngqiáng. Cóng shān de lìng yìbiān xiàlái, shēngyì rén dōu qù le zìjǐ de jiǔdiàn. Tángsēng hé túdìmen lái dào le Huìtóng Guǎn. Tángsēng xiàng nàlǐ de jīnglǐ wènhǎo, ránhòu wèn tā shì búshì kěyǐ zài dédào tōngguān wénshū qiānshǔ de shíhòu zhù zài Huìtóng Guǎn.

Jīnglǐ tóngyì le, gěi le yóurén yígè fángjiān hé yí dùn sùshí fàn. Tángsēng kàn dé chūlái, jīnglǐ duì tāde sān gè túdì hěn hàipà, suǒyǐ tā shuō, "Qǐng búyào hàipà. Zhèxiē shì wǒde túdì. Tāmen kěnéng kàn qǐlái hěn chǒu, dàn tāmen dōu yǒu shànliáng de xīn. Lǎohuà shuō, 'Nánkàn de liǎn, shànliáng de rén.' Xiānshēng, gàosù wǒ, guì guó yǒu duōdà niánlíng le?"

来到了这里，我希望你能对这件事说说你的想法。"

唐僧和孙悟空回到他们自己的房间去睡觉了。早上当公鸡叫时，四个游人开始准备离开。在他们要离开时，老和尚对他们说，"别忘了那个流泪的女孩！"

"当然不会，"孙悟空说。"等我到了城里，我就会发现真相。"他们和一大群生意人一起离开了寺庙。他们爬上山路，在中午前，他们看到了城墙。从山的另一边下来，生意人都去了自己的酒店。唐僧和徒弟们来到了会同馆。唐僧向那里的经理问好，然后问他是不是可以在得到通关文书签署的时候住在会同馆。

经理同意了，给了游人一个房间和一顿素食饭。唐僧看得出来，经理对他的三个徒弟很害怕，所以他说，"请不要害怕。这些是我的徒弟。他们可能看起来很丑，但他们都有善良的心。老话说，'难看的脸，善良的人。'先生，告诉我，贵国有多大年龄了？"

"Zhèlǐ shì wěidà de Yìndù wángguó. Tā yǒu wǔbǎi nián de lìshǐ. Wǒmen de guówáng shì yígè ài shān, ài xīliú, ài huācǎo de rén. Tāde míngzì jiào Yízōng Huángdì, tā yǐjīng tǒngzhì wánguó èrshíbā nián le."

"Nǐ rènwéi zhège qióng héshang jīntiān néng jiàndào nǐmen wěidà de guówáng, nádào wǒmen qiānshǔ de tōngguān wénshū ma?"

"Shìde, zhèshì fēicháng hǎo de yìtiān. Wǒmen de gōngzhǔ, guówáng de nǚ'ér, zuìjìn gang guò èrshí suì shēngrì. Jīntiān, tā jiāng rēng xiùqiú, kàn kàn shuí shì tiāntáng wèi tā xuǎn de zhàngfu. Wǒ xiāngxìn cháotíng réngrán kāizhe. Nǐ yīnggāi xiànzài jiù qù."

Tángsēng qǐng Sūn Wùkōng hé tā yìqǐ qù jiàn guówáng. Tā shuō, "Zhèlǐ de rén hé dà Táng de rén chàbùduō. Wǒ tīng shuō guò wǒ mǔqīn de gùshì, tā tōngguò rēng xiùqiú rènshí le tāde zhàngfū. Tā jīzhòng le tāde tóu, tāmen jiù zài tóng yì tiān jiéhūn le."

"Wǒmen yīnggāi qù kàn kàn," Sūn Wùkōng shuō.

"这里是伟大的印度王国。它有五百年的历史。我们的国王是一个爱山、爱溪流、爱花草的人。他的名字叫怡宗皇帝，他已经统治王国二十八年了。"

"你认为这个穷和尚今天能见到你们伟大的国王，拿到我们签署的通关文书吗？"

"是的，这是非常好的一天。我们的公主，国王的女儿，最近刚过二十岁生日。今天，她将扔绣球[1]，看看谁是天堂为她选的丈夫。我相信朝廷[2]仍然开着。你应该现在就去。"

唐僧请孙悟空和他一起去见国王。他说，"这里的人和大唐的人差不多。我听说过我母亲的故事，她通过扔绣球认识了她的丈夫。它击中了他的头，他们就在同一天结婚了[3]。"

"我们应该去看看，"孙悟空说。

---

[1] 绣球 (xiùqiú) has the literal meaning here of "embroidered ball," but it can also mean "hydrangea," a flower.
[2] 朝廷　cháotíng – royal court
[3] This story is told in Book 4 of this series, *The Young Monk*.

"Bù, wǒmen bùnéng chuān zhèyàng de yīfú qù."

"Kěshì, shīfu, nǐ wàng le Bù Jīn Sì lǎo héshang de huà le ma? Wǒmen xūyào fēnchū zhēn jiǎ. Rúguǒ wǒmen qù dehuà, wǒmen kěyǐ hǎohǎo kàn kàn zhè wèi gōngzhǔ."

Tángsēng tóngyì qù. Dàn tā bù zhīdào, tāmen jiù xiàng yígè xiǎngyào diàoyú, dàn dào zuìhòu diào chū le dà máfan de diàoyú rén! Tā bù zhīdào, yì nián qián, guówáng hé wánghòu, gōngzhǔ yìqǐ qù yù huāyuán kàn yuèguāng. Zài méiyǒu rén kàndào de shíhòu, yígè yāoguài bǎ gōngzhǔ nòngzǒu le, bǎ tā sòng dào le hěn yuǎn de dìfāng. Ránhòu yāoguài biànchéng le gōngzhǔ de yàngzi. Yāoguài zhīdào Táng héshang yì nián hòu huì lái, suǒyǐ tā ràng fùqīn ānpái jīntiān wǎnshàng de rēng xiùqiú. Tā xiǎng hé Tángsēng jiāohé, qǔ tāde yáng qì, chéngwéi xiānrén.

Suǒyǐ, nǐ kěyǐ cāidào jiēxiàlái fāshēng le shénme. Gāng guò zhōngwǔ, Tángsēng hé Sūn Wùkōng zǒu jìn le tǎlóu. Jiǎ gōngzhǔ kàndào le tāmen, hěnkuài de bǎ xiùqiú rēng xiàng Tángsēng. Tā jīzhòng le tāde tóu, dǎdiào le tāde màozi. Tángsēng xiǎngyào qù zhuāzhù qiú, dàn tā gǔn jìn le tā cháng yī de yígè xiùzi lǐ.

"Tā jīzhòng le yì míng héshang! Tā jīzhòng le yì míng héshang!"

"不，我们不能穿这样的衣服去。"

"可是，师父，你忘了布金寺老和尚的话了吗？我们需要分出真假。如果我们去的话，我们可以好好看看这位公主。"

唐僧同意去。但他不知道，他们就像一个想要钓鱼，但到最后钓出了大麻烦的钓鱼人！他不知道，一年前，国王和王后、公主一起去御花园看月光。在没有人看到的时候，一个妖怪把公主弄走了，把她送到了很远的地方。然后妖怪变成了公主的样子。妖怪知道唐和尚一年后会来，所以她让父亲安排今天晚上的扔绣球。她想和唐僧交合，取他的阳气，成为仙人。

所以，你可以猜到接下来发生了什么。刚过中午，唐僧和孙悟空走近了塔楼。假公主看到了他们，很快地把绣球扔向唐僧。它击中了他的头，打掉了他的帽子。唐僧想要去抓住球，但它滚进了他长衣的一个袖子里。

"它击中了一名和尚！它击中了一名和尚！"

Tǎlóu shàng de rén hǎn dào. Rénmen xiàng Tángsēng pǎo qù. Sūn Wùkōng dà jiàozhe, bǎ shēntǐ lā cháng dào sānshí chǐ gāo. Rénmen táopǎo le. Sūn Wùkōng huīfù le tā zhèngcháng de dàxiǎo.

"Wǒ xiànzài gāi zěnme bàn?" Tángsēng hǎn dào.

"Fàngxīn ba, shīfu. Jìnqù jiàn guówáng. Wǒ huì huí dào Huìtóng Guǎn. Rúguǒ gōngzhǔ bùxiǎng hé nǐ jiéhūn, nàme zhǐyào nádào qiānshǔ de tōngguān wénshū, wǒmen jiù líkāi. Dànshì, rúguǒ tā zhēnde xiǎng yào nǐ, nà jiù gàosù guówáng, nǐ bìxū yào hé nǐde túdì jiǎng yìxiē shì. Ránhòu wǒmen huì lái cháotíng, wǒ jiāng nénggòu fēnchū zhēn jiǎ."

Tángsēng tóngyì le. Ránhòu tā bèi gōng lǐ de nǚ púrén wéizhe zǒu dào tǎlóu. Gōngzhǔ cóng tǎlóu shàng xiàlái. Tā dàizhe tā shàng le yù chē, tāmen yìqǐ zuòzhe chē dào le gōngdiàn. Guówáng tīngshuō gōngzhǔ de qiú jīzhòng le yì míng héshang, búshì hěn gāoxìng. Dàn tā yāoqǐng tāmen liǎ jìn le Jīnluán Diàn. Tā wèn Tángsēng, "Nǐ cóng nǎlǐ lái, nǐ zěnme huì bèi zhèn de nǚ'ér de qiú jīzhòng?"

Tángsēng kòutóu zài dì. Shuō, "Zhège qióng héshang shì bèi dà Táng huángdì sòng lái bàifó hé qiú fójīng de. Wǒ lái zhèlǐ zhǐshì wèi le wǒ

塔楼上的人喊道。人们向唐僧跑去。孙悟空大
叫着，把身体拉长到三十尺高。人们逃跑了。
孙悟空恢复了他正常的大小。

"我现在该怎么办？"唐僧喊道。

"放心吧，师父。进去见国王。我会回到会同
馆。如果公主不想和你结婚，那么只要拿到签
署的通关文书，我们就离开。但是，如果她真
的想要你，那就告诉国王，你必须要和你的徒
弟讲一些事。然后我们会来朝廷，我将能够分
出真假。"

唐僧同意了。然后他被宫里的女仆人围着走到
塔楼。公主从塔楼上下来。她带着他上了御
车，他们一起坐着车到了宫殿。国王听说公主
的球击中了一名和尚，不是很高兴。但他邀请
他们俩进了金銮殿。他问唐僧，"你从哪里
来，你怎么会被朕的女儿的球击中？"

唐僧叩头在地。说，"这个穷和尚是被大唐皇
帝送来拜佛和求佛经的。我来这里只是为了我

men de tōngguān wénshū dédào qiānshǔ. Wǒ zǒu de lù bǎ wǒ dài dào le tǎlóu xià. Wǒ méiyǒu xiǎngdào huì bèi nǐ nǚ'ér de qiú jīzhòng! Zhège qióng héshang yǐjīng lí le jiā, rù le bùtóng de zōngjiào. Wǒ bù kěnéng chéngwéi nǐ nǚ'ér de zhàngfu. Wǒ qiú qiú nǐ, yuánliàng wǒ zhème bèn, kuài kuài ràng wǒ qù Líng Shān."

Guówáng huídá shuō, "Gǔrén shuō, 'Yì gēn xiàn kěyǐ bǎ fēnkāi qiānlǐ xiāng'ài de rén qiān zài yìqǐ.' Zhè nián, yuè, rì hé shíjiān duì zhǎo zhàngfū huò qīzi dōu shì fēicháng jíxiáng de. Tāde qiú jīzhòng le yígè héshang, zhèn bù gāoxìng, dàn zhèn bù zhīdào gōngzhǔ shì zěnme xiǎng de."

"Fù wáng," tā xiàng tā kòutóu shuō, "nǐ zhīdào zhè jù lǎohuà,

Rúguǒ nǐ hé jī jiéhūn, jiù gēnzhe jī
Rúguǒ nǐ hé gǒu jiéhūn, jiù gēnzhe gǒu

Wǒ xiàng tiāndì fāguò shì, wǒ yào hé nàge bèi wǒde qiú jī zhòng de rén jiéhūn. Wǒ zěnme gǎn bù zhào shìyuàn zuò ne? Wǒ yào ràng tā chéng

们的通关文书得到签署。我走的路把我带到了塔楼下。我没有想到会被你女儿的球击中！这个穷和尚已经离了家，入了不同的宗教[1]。我不可能成为你女儿的丈夫。我求求你，原谅我这么笨，快快让我去灵山。"

国王回答说，"古人说，'一根线可以把分开千里相爱的人牵在一起。'这年、月、日和时间对找丈夫或妻子都是非常吉祥的。她的球击中了一个和尚，朕不高兴，但朕不知道公主是怎么想的。"

"父王，"她向他叩头说，"你知道这句老话，

　　如果你和鸡结婚，就跟着鸡
　　如果你和狗结婚，就跟着狗

我向天地发过誓，我要和那个被我的球击中的人结婚。我怎么敢不照誓愿做呢？我要让他成

---

[1] 宗教　　zōngjiào – religion

wèi huángdì de nǚxù."

Zhèshí guówáng xiào le. Tā ràng cháotíng de tiānwénxué jiā xuǎn yígè zuìhǎo de hūnlǐ rì. Dàn jiù zài tā zhǔnbèi bǎ hūnlǐ de xiāoxi xiàng dàjiā xuānbù shí. Tángsēng zhǐshì shuō, "Ò, guówáng, qǐng bǎ wǒ fàng le!"

Guówáng shēngqì de hǎn dào, "Shénme, nǐ bù xiǎng chéngwéi huángdì de nǚxù? Réngrán jiānchí yào qù qǔjīng ma? Hǎo ba, rúguǒ nǐ bù xiǎng hé zhèn de nǚ'ér jiéhūn, nǐ huì diūdiào nǐde tóu!"

Tángsēng quánshēn fādǒu. Tā huídá shuō, "Wǒ gǎnxiè bìxià de xīnyì. Dànshì, qiú qiú nǐ, wǒ yǒu huà yídìng yào hé wǒde sān gè túdì jiǎng. Tāmen zài Huìtóng Guǎn děng wǒ." Guówáng ràng yìxiē guānyuán qù jiē tāde túdì.

Zhège shíhòu, Sūn Wùkōng yǐjīng huí dào le Huìtóng Guǎn. Tā xiàozhe bǎ xiùqiú de shì gàosù Zhū hé Shā. Zhū cǎizhe jiǎo, hǎn dào, "Wǒ jiù zhīdào wǒ yīnggāi huàn nǐ qù nàlǐ de! Rúguǒ nǐ méiyǒu zǔzhǐ wǒ, wǒ jiù huì qù tǎlóu, qiú jiù huì diào zài wǒde tóushàng. Gōngzhǔ zhǐnéng hé wǒ jiéhūn. Wǒmen huì zhěng tiān zhěng yè de

为皇帝的女婿。"

这时国王笑了。他让朝廷的天文学家[1]选一个最好的婚礼日。但就在他准备把婚礼的消息向大家宣布时。唐僧只是说，"哦，国王，请把我放了！"

国王生气地喊道，"什么，你不想成为皇帝的女婿？仍然坚持要去取经吗？好吧，如果你不想和朕的女儿结婚，你会丢掉你的头！"

唐僧全身发抖。他回答说，"我感谢陛下的心意。但是，求求你，我有话一定要和我的三个徒弟讲。他们在会同馆等我。"国王让一些官员去接他的徒弟。

这个时候，孙悟空已经回到了会同馆。他笑着把绣球的事告诉猪和沙。猪踩着脚，喊道，"我就知道我应该换你去那里的！如果你没有阻止我，我就会去塔楼，球就会掉在我的头上。公主只能和我结婚。我们会整天整夜地

---

wán, zhēnshì tài hǎowán le!"

Shā mǒ le yì bǎ Zhū de liǎn, shuō, "Nǐ zhè zhāng zuǐ! Zhè jiù xiàng shì, 'Nǐ yòng sān gè yìngbì mǎi le yìtóu lǎo mǎ, ránhòu gàosù měi gè rén nǐ kěyǐ zěnme qí tā.' Shuí huì xiǎngyào yígè xiàng zāinàn yíyàng de nǐ chéngwéi zìjǐ de zhàngfū huò nǚxù ne?"

Tāmen liǎ zhēnglùn le yīhuǐ'er, zhídào yí wèi dàchén de dàolái, shuō, "Bìxià xīwàng nǐmen sān gè rén mǎshàng jìn gōng. Lǎo héshang yùnqì hǎo, bèi gōngzhǔ de xiùqiú jī zhòng, jiāng chéngwéi huángdì de xīn nǚxù."

Sūn Wùkōng shuō, "Hǎo ba, wǒmen zǒu ba."

玩，真是太好玩了！"

<u>沙</u>抹了一把<u>猪</u>的脸，说，"你这张嘴！这就像是，'你用三个硬币买了一头老马，然后告诉每个人你可以怎么骑它。'谁会想要一个像灾难一样的你成为自己的丈夫或女婿呢？"

他们俩争论了一会儿，直到一位大臣的到来，说，"陛下希望你们三个人马上进宫。老和尚运气好，被公主的绣球击中，将成为皇帝的新女婿。"

<u>孙悟空</u>说，"好吧，我们走吧。"

Dì 94 Zhāng

Sūn Wùkōng, Zhū, Shā gēnzhe dàchén jìn le gōng. Tāmen zǒu jìn le bǎozuò fángjiān. Tāmen méiyǒu xiàng guówáng jūgōng. Guówáng wèn tāmen, "Nǐmen jiào shénme míngzì? Zhù zài nǎlǐ? Nǐmen wèishénme huì chéngwéi héshang? Nǐmen yào qǔ shénme jīng?"

Sūn Wùkōng zǒuxiàng bǎozuò. Jǐ gè shìwèi zǒu dào le tā hé guówáng zhījiān. Tángsēng zhàn zài guówáng de yìbiān. Tā duì Sūn Wùkōng shuō, "Túdì, bìxià yào wèn nǐ yìxiē wèntí. Qǐng hǎohǎo de huídá."

Sūn Wùkōng shēngqì le. Tā duì guówáng hǎn dào, "Bìxià, nǐ yào wǒmen zūnjìng nǐ, dàn nǐ méiyǒu zūnjìng biérén. Rúguǒ nǐ xiǎng ràng wǒmen de shīfu chéngwéi nǐde nǚxù, nǐ wèishénme yào ràng tā zhànzhe? Wèishénme bú ràng tā zuò xià?"

Guówáng xiàhuài le. Dàn méiyǒu lùchū tāde hàipà, tā ràng shìwèi náchū yígè shūshì de diànzi, qǐng Tángsēng zuò shàngqù. Zuò wán zhèxiē, Sūn Wùkōng cái huídá le guówáng, shuō,

> "Zhè zhī lǎo hóuzi de jiā shì Àolái Wángguó Huāguǒ Shānshàng de Shuǐ Lián Dòng

第 94 章

孙悟空、猪、沙跟着大臣进了宫。他们走进了宝座房间。他们没有向国王鞠躬。国王问他们，"你们叫什么名字？住在哪里？你们为什么会成为和尚？你们要取什么经？"

孙悟空走向宝座。几个侍卫走到了他和国王之间。唐僧站在国王的一边。他对孙悟空说，"徒弟，陛下要问你一些问题。请好好的回答。"

孙悟空生气了。他对国王喊道，"陛下，你要我们尊敬你，但你没有尊敬别人。如果你想让我们的师父成为你的女婿，你为什么要让他站着？为什么不让他坐下？"

国王吓坏了。但没有露出他的害怕，他让侍卫拿出一个舒适的垫子，请唐僧坐上去。做完这些，孙悟空才回答了国王，说，

"这只老猴子的家是奥莱王国花果山上的水帘洞

Wǒde fùqīn shì tiān, wǒde mǔqīn shì dì
Wǒ shì zài yíkuài shítou suì kāi shí chūshēng de
Yí wèi dàoren jiǎo wǒ dào
Wǒ zài hǎizhōng dǎbài le lóng
Wǒ zài shānshàng zhuā dòngwù
Wǒ cóng Shēngsǐ Bù zhōng qùdiào le wǒmen de
míngzì
Wǒ qù le tiāngōng, měitiān dōu guòzhe kuàilè de
shēnghuó
Dàn hòulái wǒ zài tiānshàng zhǎo le máfan
Fózǔ bǎ wǒ kùn zài shānxià
Wǔbǎi nián lǐ wǒ bù chī dōngxi, bù hē chá
Ránhòu wǒ shīfu lái le, ràng wǒ zìyóu le
Wǒ xiànzài shì fózǔ de xuéshēng
Wǒ jiào Sūn Wùkōng!"

Guówáng diǎntóu, ránhòu zhuǎnxiàng Zhū, děngzhe tā
shuōhuà. Zhū shuō,

"Zài wǒ qián yígè shēngmìng zhòng, lǎo zhū zhuīqiú
kuàilè
Wǒ yìshēng hùndùn, wǒ nǎozi kùnhuò
Yǒu yì tiān, wǒ yùdào le yígè gǎibiàn wǒ yìshēng de
xiānrén
Wǒ chéngwéi le tāde xuéshēng, xuéxí dào
Yùhuáng Dàdì ràng wǒ chéngwéi Tiān Péng Yuánshuài,

我的父亲是天，我的母亲是地

我是在一块石头碎开时出生的

一位道人教我道

我在海中打败了龙

我在山上抓动物

我从生死薄中去掉了我们的名字

我去了天宫，每天都过着快乐的生活

但后来我在天上找了麻烦

佛祖把我困在山下

五百年里我不吃东西，不喝茶

然后我师父来了，让我自由了

我现在是佛祖的学生

我叫孙悟空！"

国王点头，然后转向猪，等着他说话。猪说，

"在我前一个生命中，老猪追求快乐

我一生混沌，我脑子困惑

有一天，我遇到了一个改变我一生的仙人

我成为了他的学生，学习道

玉皇大帝让我成为天蓬元帅，

Dàizhe tāde jūnduì zài tiān hé shàng

Dàn wǒ zài yígè jiérì shàng hē zuì le, méiyǒu lǐmào de

Duì Cháng'é kāiwánxiào

Huángdì bǎ wǒ sòng xià rénjiān

Yīnwèi yígè cuò, wǒ shēng chūlái shì yì zhī zhū, búshì

yígè nǚrén

Wǒ chéng le yígè zhū móguǐ, zuò le hěnduō huàishì

Gǎnxiè Guānyīn, wǒ chéng le fójiào tú

Xiànzài wǒ bǎohù Táng héshang

Wǒ jiào Zhū Bājiè!"

Ránhòu Zhū dàshēng xiào le qǐlái, duìzhe guówáng

pāidǎzhe tāde dà ěrduo. Tángsēng shuō, "Bājiè, kòngzhì

yíxià nǐ zìjǐ!" Zhū shuāngshǒu hé qǐlái, jìng jìng de zhànzhe.

Guówáng kànzhe Shā, Shā shuō,

"Lǎo Shā yǐqián shì yígè pǔtōng rén

Yīnwèi hàipà sǐ, wǒ qù qiú dào

Wǒ xíngzǒu yún zhōng, yóu zǒu tiānbiān

Wǒ yùdào yìxiē xiānrén

带着他的军队在天河上

但我在一个节日上喝醉了，没有礼貌的对嫦娥

开玩笑

皇帝把我送下人间

因为一个错，我生出来是一只猪，不是一个女

人

我成了一个猪魔鬼，做了很多坏事

感谢观音，我成了佛教徒

现在我保护唐和尚

我叫猪八戒！"

然后猪大声笑了起来，对着国王拍打着他的大
耳朵。唐僧说，"八戒，控制一下你自己！"
猪双手合起来，静静地站着。国王看着沙，沙
说，

"老沙以前是一个普通人

因为害怕死，我去求道

我行走云中，游走天边

我遇到一些仙人

Wǒ yǎngyù le nánhái, gěi tā pèi le yígè kě'ài de nǚhái

Wǒ fēi shàng tiānkōng, bàijiàn huángdì

Wǒ bèi zhǐmíng wèi Juǎn Lián Dàjiàng

Dàn zài yígè jiérì lǐ, wǒ bǎ guìzhòng de bōlí bēi diào zài dìshàng, dǎhuài le tā

Wǒ bèi sòng dào rénjiān xiàng yāoguài yíyàng de shēnghuó

Wǒ chī zǒujìn Liúshā Hé shàng wǒjiā de yóurén

Guānyīn púsà jiù le wǒ, jiào wǒ děngzhe Táng héshang

Wǒ chéng le tāde túdì, kāishǐ le xīn de shēnghuó

Wǒ jiào Shā Wùjìng!"

Tīng le zhè sān gè gùshì hòu, guówáng hěn gāoxìng zhīdào zìjǐ de nǚ'ér yào hé yígè huózhe de fó jiéhūn, dàn tā yòu fēicháng hàipà zhège rén de túdì shì nàme qiángdà de yāoguài. Zhèng xiǎngzhe de shíhòu, cháotíng tiānwénxué jiā zǒu le jìnlái, gàosù guówáng, zuì jíxiáng de hūnlǐ rìzi shì zhège yuè shí'èr rì, yě jiùshì sì tiān yǐhòu. Guówáng mìnglìng wèi Táng héshang hé tāde sān gè túdì zhǔnbèi tā

我养育了男孩，给他配了一个可爱的女孩[1]

我飞上天空，拜见皇帝

我被指名为卷帘大将

但在一个节日里，我把贵重的玻璃杯掉在地上，打坏了它

我被送到人间像妖怪一样地生活

我吃走进流沙河上我家的游人

观音菩萨救了我，叫我等着唐和尚

我成了他的徒弟，开始了新的生活

我叫沙悟净！"

听了这三个故事后，国王很高兴知道自己的女儿要和一个活着的佛结婚，但他又非常害怕这个人的徒弟是那么强大的妖怪。正想着的时候，朝廷天文学家走了进来，告诉国王，最吉祥的婚礼日子是这个月十二日，也就是四天以后。国王命令为唐和尚和他的三个徒弟准备他

---

[1] In Daoist alchemy, "baby boy" refers to lead and "lovely girl" to mercury, and the combination was said to yield the golden elixir of immortality. But since both chemicals are extremely toxic, those who drank these often died. So Daoists eventually shifted from this so-called external alchemy to internal alchemy, where lead and mercury are treated as symbols or metaphors which must be extracted and purified through study with a Daoist master.

men zhù de lóu. Ránhòu tā tǎolùn le hūnlǐ de zhǔnbèi gōngzuò. Zuìhòu, tā líkāi le bǎozuò fángjiān, sì gè yóurén zǒu jìn huāyuán chī le diǎn wǎnfàn.

Tángsēng duì Sūn Wùkōng hǎn dào, "Nǐ zhè zhī wúchǐ de húsūn! Wǒ gàosùguò nǐ, wǒ xiǎng yào de jiùshì nádào wǒmen qiānshǔ de tōngguān wénshū. Wǒ gàosùguò nǐ búyào zǒu jìn nà tǎlóu. Nǐ wèishénme dài wǒ qù nàlǐ?"

Sūn Wùkōng huídá shuō, "Shīfu, wǒ tīng nǐ shuōguò nǐ māma shì yòng xiāngtóng de fāngfǎ yùjiàn tā zhàngfu de. Wǒ yǐwéi nǐ zài xiàngwǎng guòqù. Lìngwài, wǒ zài xiǎng Bù Jīn Sì fāngzhàng de huà. Wǒ xiǎng hǎohǎo kàn yí kàn gōngzhǔ. Gāngcái wǒ juédé guówáng kàn qǐlái yǒudiǎn xié'è. Dàn wǒ hái bù zhīdào nàge nǚ'ér zěnme yàng."

"Rúguǒ nǐ kàndào tā, nǐ huì zěnme zuò?"

"Wǒde zuànshí yǎnjīng kěyǐ fēnchū zhēn jiǎ, shànliáng hé xié'è. Suǒyǐ ràng wǒmen děngdào hūnlǐ nàtiān, wǒ jiù néng hǎohǎo kàn kàn tā le."

们住的楼。然后他讨论[1]了婚礼的准备工作。最后，他离开了宝座房间，四个游人走进花园吃了点晚饭。

唐僧对孙悟空喊道，"你这只无耻的猢狲！我告诉过你，我想要的就是拿到我们签署的通关文书。我告诉过你不要走近那塔楼。你为什么带我去那里？"

孙悟空回答说，"师父，我听你说过你妈妈是用相同的方法遇见她丈夫的。我以为你在向往过去。另外，我在想布金寺方丈的话。我想好好看一看公主。刚才我觉得国王看起来有点邪恶。但我还不知道那个女儿怎么样。"

"如果你看到她，你会怎么做？"

"我的钻石眼睛可以分出真假，善良和邪恶。所以让我们等到婚礼那天，我就能好好看看她了。"

---

[1] 讨论　tǎolùn – to discuss

"Ò, bié shuō le, nǐ zhège xié'è de húsūn. Wǒmen de lǚtú kuàiyào jiéshù le, dàn nǐ réngrán xiǎngyào yòng nǐde dúshé cì shāng wǒ. Xiàcì nǐ zhǎo máfan de shíhòu, wǒ huì niàn jǐn tóu dài yǔ."

"Qǐng búyào nàyàng zuò! Rúguǒ wǒmen fāxiàn tā shì yígè zhēnde gōngzhǔ, wǒ yídìng huì ràng nàlǐ luàn qǐlái, bǎ nǐ dài chū nàlǐ."

Zhū shuō, "Shīfu, shíjiān bù zǎo le. Ràng wǒmen míngtiān zài tǎolùn zhèxiē shìqing. Gāi shuìjiào le." Tángsēng tóngyì le, tāmen tíngzhǐ le zhēnglùn, shuìjiào qù le.

Dì èr tiān zǎoshàng, guówáng zuò zài bǎozuò shàng, mìnglìng dàchénmen dài sān gè túdì huí Huìtóng Guǎn chī sùshí zǎofàn. Ránhòu tā mìnglìng yīnyuè jiā zài Huìtóng Guǎn wèi túdìmen tánzòu yīnyuè, yě zài yù huāyuán wèi Táng héshang tánzòu yīnyuè. Dàn Zhū pāidǎzhe tāde dà ěrduo, shuō, "Bìxià, wǒmen cónglái méiyǒu hé shīfu fēnkāiguò. Wǒmen jīntiān xiǎng hé tā zài yìqǐ. Bú zhèyàng, nǐ jiāng bùnéng jǔxíng hūnlǐ."

"哦，别说了，你这个邪恶的猢狲。我们的旅途快要结束了，但你仍然想要用你的毒舌刺伤我。下次你找麻烦的时候，我会念紧头带语。"

"请不要那样做！如果我们发现她是一个真的公主，我一定会让那里乱起来，把你带出那里。"

<u>猪</u>说，"师父，时间不早了。让我们明天再讨论这些事情。该睡觉了。"<u>唐僧</u>同意了，他们停止了争论，睡觉去了。

第二天早上，国王坐在宝座上，命令大臣们带三个徒弟回<u>会同馆</u>吃素食早饭。然后他命令音乐家[1]在<u>会同馆</u>为徒弟们弹奏音乐，也在御花园为<u>唐</u>和尚弹奏音乐。但<u>猪</u>拍打着他的大耳朵，说，"陛下，我们从来没有和师父分开过。我们今天想和他在一起。不这样，你将不能举行婚礼。"

---

[1] 音乐家 yīnyuè jiā – musician

Guówáng bèi Zhū de huà hé tāde yàngzi xiàhuài le, suǒyǐ tā tóngyì le. Tā mìnglìng zài huāyuán lǐ wèi tā zìjǐ hé Tángsēng fàng liǎng zhāng zhuōzi, zài nà fùjìn wèi sān gè túdì fàng sān zhāng zhuōzi, zài wèi wánghòu, gōngzhǔ hé tāde púrén fàng jǐ zhāng zhuōzi. Tāmen dōu hěn xiǎngshòu de zǒu zài huāyuán lǐ, ránhòu chī hǎochī de sùshí dà yàn. Tángsēng xiàozhe, hǎoxiàng hěn xiǎngshòu, dàn tā méiyǒu ràng rènhé rén kàndào tāde dānxīn.

Tángsēng zhùyì dào qiángshàng guàzhe sì gè dà píngfēng. Měi gè píngfēng dōu yǒu yì shǒu yóu yǒumíng de rén xiě de shī. Yì shǒu xiě de shì chūntiān, yì shǒu xiě de shì xiàtiān, yì shǒu xiě de shì qiūtiān, hái yǒu yì shǒu xiě de shì dōngtiān. Dì yī shǒu shī de dì yī xíng shì, "Dà zìrán de dà lúnzi ràng tā lúnzhuǎn huí." Tángsēng zǐxì kànzhe zhèxiē shī.

Guówáng kàndào Tángsēng kànzhe píngfēng. Tā shuō, "Zhèn kàndào zhèn de nǚxù xǐhuān shī. Kěnéng nǐ yě kěyǐ yòng xiāngtóng de yùnlǜ gěi zhèn wèi měi shǒu shī huí yì shǒu?"

Tángsēng de nǎozi lǐ zhuāng mǎn le zhèxiē měilì de shī. Tā xiǎng dōu bù

国王被<u>猪</u>的话和他的样子吓坏了，所以他同意了。他命令在花园里为他自己和<u>唐僧</u>放两张桌子，在那附近为三个徒弟放三张桌子，再为王后、公主和她的仆人放几张桌子。他们都很享受地走在花园里，然后吃好吃的素食大宴。<u>唐僧</u>笑着，好像很享受，但他没有让任何人看到他的担心。

<u>唐僧</u>注意到墙上挂着四个大屏风。每个屏风都有一首由有名的人写的诗。一首写的是春天，一首写的是夏天，一首写的是秋天，还有一首写的是冬天。第一首诗的第一行是，"大自然[1]的大轮子让它轮转回。"<u>唐僧</u>仔细看着这些诗。

国王看到<u>唐僧</u>看着屏风。他说，"朕看到朕的女婿喜欢诗。可能你也可以用相同的韵律[2]给朕为每首诗回一首？"

<u>唐僧</u>的脑子里装满了这些美丽的诗。他想都不

---

[1] 自然　　zìrán – nature
[2] 韵律　　yùnlǜ – rhyme, rhythm

xiǎng de shuō, "Dāng dà lúnzi zhuǎndòng shí, tàiyáng rónghuà le bīng."

Guówáng tīng le hěn gāoxìng. "Qǐng gàosù zhèn gèng duō!" Hái mìnglìng bǎ máobǐ hé mò gěi Tángsēng.

Tángsēng náqǐ le máobǐ. Tā yìdiǎn dōu bù tíng de duì měi shǒu shī dōu huí le yì shǒu, yòng le hé yuánlái de shī xiāngtóng de yùnlǜ.

Guówáng dú le Tángsēng de shī, shuō, "Zhè zhēnde shì fēicháng hǎo!" Tā mìnglìng gōnglǐ de yīnyuèjiāmen bǎ zhèxiē shī pèishàng yīnyuè. Jiù zhèyàng, guówáng hé Táng héshang yìqǐ guò le yì zhěng tiān.

Jiēxiàlái de sān tiān, tāmen guò dé hěn kāixīn, zhōngyú dào le zhège yuè jíxiáng de shí'èr rì. Guówáng de guānyuán gàosù tā, hūnlǐ yànhuì yǐjīng zhǔnbèi hǎo le. Wèi kèrén zhǔnbèi le wǔbǎi zhāng zhuōzi. Lìng yí wèi guānyuán zǒu le jìnlái, shuō, "Bìxià, wánghòu hé gōngzhǔ xīwàng jiàn nǐ."

Guówáng qù le nǚrénmen zhù de dìfāng, xiàng wánghòu hé gōngzhǔ wènhǎo. Gōngzhǔ kòutóu duì tā shuō, "Bìxià, wǒde fùqīn, qǐng yuánliàng wǒ xiàng nǐ qiú bāngmáng. Yǒurén gàosù wǒ, Táng héshang yǒu sān

想地说，"当大轮子转动时，太阳融化[1]了冰。"

国王听了很高兴。"请告诉朕更多！"还命令把毛笔和墨给<u>唐僧</u>。<u>唐僧</u>拿起了毛笔。他一点都不停地对每首诗都回了一首，用了和原来的诗相同的韵律。

国王读了<u>唐僧</u>的诗，说，"这真的是非常好！"他命令宫里的音乐家们把这些诗配上音乐。就这样，国王和<u>唐</u>和尚一起过了一整天。

接下来的三天，他们过得很开心，终于到了这个月吉祥的十二日。国王的官员告诉他，婚礼宴会已经准备好了。为客人准备了五百张桌子。另一位官员走了进来，说，"陛下，王后和公主希望见你。"

国王去了女人们住的地方，向王后和公主问好。公主叩头对他说，"陛下，我的父亲，请原谅我向你求帮忙。有人告诉我，<u>唐</u>和尚有三

---

[1] 融化　　rónghuà – to melt

gè fēicháng chǒu de túdì. Yīnwèi wǒ shēntǐ xūruò, wǒ pà kàndào tāmen huì xiàhuài wǒ, dài lái zāinàn. Qǐng ràng tāmen yuǎnlí hūnlǐ."

Guówáng shuō, "Dāngrán, qīn'ài de nǚ'ér. Jīntiān zǎoshàng zhèn jiù huì qiānshǔ tāmen de tōngguān wénshū, hái huì mìnglìng zhèxiē túdì mǎshàng líkāi zhè zuò chéngshì." Guówáng huí dào bǎozuò fángjiān, ràng Tángsēng hé sān gè túdì lái jiàn tā.

Tángsēng zhèngzài hé Sūn Wùkōng shuō, "Jīntiān shì shí'èr rì le. Wǒmen xiànzài gāi zěnme bàn?"

Sūn Wùkōng shuō, "Wǒ zhēnde xūyào jiàn gōngzhǔ. Dàn wǒ xiǎng guówáng jīntiān huì mìnglìng wǒmen sān gè rén líkāi zhè zuò chéngshì. Búyòng dānxīn. Wǒ huì qiāoqiāo huílái de, wǒ huì bǎohù nǐde." Jǐ fēnzhōng hòu, yí wèi guānyuán lái le, dàizhe sān gè túdì qù jiàn guówáng.

Dāng tāmen lái dào bǎozuò fángjiān shí, guówáng shuō, "Bǎ nǐmen de tōngguān wénshū gěi zhèn. Zhèn jiāng qiānshǔ tā. Zhèn hái huì gěi nǐmen yìxiē qián lái bāngzhù nǐmen qù Líng Shān. Zhèn de nǚxù jiāng liú zài zhèlǐ. Bié dānxīn tā."

个非常丑的徒弟。因为我身体虚弱，我怕看到他们会吓坏我，带来灾难。请让他们远离婚礼。"

国王说，"当然，亲爱的女儿。今天早上朕就会签署他们的通关文书，还会命令这些徒弟马上离开这座城市。"国王回到宝座房间，让<u>唐僧</u>和三个徒弟来见他。

<u>唐僧</u>正在和<u>孙悟空</u>说，"今天是十二日了。我们现在该怎么办？"

<u>孙悟空</u>说，"我真的需要见公主。但我想国王今天会命令我们三个人离开这座城市。不用担心。我会悄悄回来的，我会保护你的。"几分钟后，一位官员来了，带着三个徒弟去见国王。

当他们来到宝座房间时，国王说，"把你们的通关文书给朕。朕将签署它。朕还会给你们一些钱来帮助你们去<u>灵</u>山。朕的女婿将留在这里。别担心他。"

Shā bǎ tōngguān wénshū gěi le guówáng. Guówáng qiānshǔ le wénshū, ránhòu bǎ tā huán gěi le tā. Jiēzhe, tā gěi le yóurénmen jiéhūn lǐwù, shí tiáo huángjīn hé èrshí tiáo báijīn. Sūn Wùkōng xiàng guówáng dàoxiè. Tāmen sān gè rén zhuànshēn líkāi. Tángsēng pǎo dào Sūn Wùkōng shēnbiān, zhuāzhù tā, shuō, "Nǐ yào bǎ wǒ liú zài zhèlǐ ma?"

Sūn Wùkōng xiàng tā zhǎ le zhǎ yǎnjīng, shuō, "Shīfu, fàngxīn ba, hǎohǎo xiǎngshòu nǐde hūnlǐ hé nǐde xīn qīzi. Ná dào jīngwén hòu, wǒmen huì zài jiànmiàn de." Tángsēng bù kěn ràng hóuzi líkāi, guò le yīhuǐ'er cái fàng kāi le tā.

Sān gè túdì zǒu huí le Huìtóng Guǎn. Sūn Wùkōng shuō, "Nǐmen liǎ liú zài zhèlǐ, búyào gēn rènhé rén shuōhuà. Wǒ yào huíqù bǎohù shīfu." Ránhòu tā cóng shǒubì shàng lā xià yì gēn máofǎ, chuī le chuī, qīngshēng shuō, "Biàn!" Tā biànchéng le lìng yígè zìjǐ, hé Zhū hé Shā zài yìqǐ. Zhēnde tā zìjǐ tiào dào kōngzhōng, biànchéng le yì zhī xiǎo huáng mìfēng. Tā fēi huí gōngdiàn. Tā kàndào Tángsēng yígè rén zuò zài huāyuán lǐ, kàn qǐlái hěn shāngxīn. Tā diào zài Tángsēng de màozi shàng, qīngshēng shuō, "Bié dānxīn, shīfu, wǒ zài zhèlǐ."

沙把通关文书给了国王。国王签署了文书，然后把它还给了他。接着，他给了游人们结婚礼物，十条黄金和二十条白金。孙悟空向国王道谢。他们三个人转身离开。唐僧跑到孙悟空身边，抓住他，说，"你要把我留在这里吗？"

孙悟空向他眨了眨眼睛，说，"师父，放心吧，好好享受你的婚礼和你的新妻子。拿到经文后，我们会再见面的。"唐僧不肯让猴子离开，过了一会儿才放开了他。

三个徒弟走回了会同馆。孙悟空说，"你们俩留在这里，不要跟任何人说话。我要回去保护师父。"然后他从手臂上拉下一根毛发，吹了吹，轻声说，"变！"它变成了另一个自己，和猪和沙在一起。真的他自己跳到空中，变成了一只小黄蜜蜂。他飞回宫殿。他看到唐僧一个人坐在花园里，看起来很伤心。他掉在唐僧的帽子上，轻声说，"别担心，师父，我在这里。"

Zhè ràng Tángsēng xīnqíng hǎoduō le. Guò le yīhuǐ'er,

yígè guānyuán guòlái gàosù tā, hūnlǐ yànhuì yǐjīng

zhǔnbèi hǎo le, gōngzhǔ zài děng tā. Guówáng zǒu dào

tā miànqián, bǎ Tángsēng dài jìn gōngdiàn.

这让<u>唐僧</u>心情好多了。过了一会儿，一个官员过来告诉他，婚礼宴会已经准备好了，公主在等他。国王走到他面前，把<u>唐僧</u>带进宫殿。

Dì 95 Zhāng

Tángsēng gēnzhe guówáng jìnrù le gōng lǐ, Sūn Wùkōng duǒ zài tāde màozi shàng. Tāmen tīngdào le dí shēng hé gǔ shēng. Tāmen kàndào liǎng pái měilì de niánqīng nǚrén chuānzhe bùtóng yánsè de yīfu, suǒyǐ zhège dìfāng kàn qǐlái xiàng yígè mǎn shì xiānhuā de huāyuán. Nǚrénmen dōu hěn piàoliang, dàn Sūn Wùkōng kàndào tāde shīfu duì tāmen de měilì méiyǒu yìdiǎn xìngqù.

"Hǎo héshang!" tā xiǎng, "Shēn zài zhèyàng de měilì zhōng, tāde xīn bú dòng, yě bú luàn."

Hěnkuài, bèi fēizimen wéizhe de gōngzhǔ hé wánghòu zǒuxiàng tāmen. Tāmen dōu dàshēng hǎn dào, "Bìxià wànsuì! Bìxià wànsuì!" Sūn Wùkōng zǐxì de kànzhe gōngzhǔ. Tā kàndào tāde tóudǐng shàng piāozhe yì diǎndiǎn mó yún. Tā qīngshēng duì Tángsēng shuō, "Shīfu, nà gōngzhǔ shì jiǎde."

Tángsēng qīngshēng shuō, "Rúguǒ tā búshì zhēnde gōngzhǔ, wǒmen zěnyàng cáinéng ràng tā lùchū tā zhēnde yàngzi ne?"

"Wǒ huì gěi tā kàn wǒde mófǎ shēntǐ."

第 95 章

唐僧跟着国王进入了宫里，孙悟空躲在他的帽子上。他们听到了笛声和鼓声。他们看到两排美丽的年轻女人穿着不同颜色的衣服，所以这个地方看起来像一个满是鲜花的花园。女人们都很漂亮，但孙悟空看到他的师父对她们的美丽没有一点兴趣。"好和尚！"他想，"身在这样的美丽中，他的心不动，也不乱。"

很快，被妃子们围着的公主和王后走向他们。他们都大声喊道，"陛下万岁！陛下万岁！"孙悟空仔细地看着公主。他看到她的头顶上漂着一点点魔云。他轻声对唐僧说，"师父，那公主是假的。"

唐僧轻声说，"如果她不是真的公主，我们怎样才能让她露出她真的样子呢？"

"我会给她看我的魔法身体[1]。"

---

[1] Sun Wukong refers to his true form as his magic body. Here, he must change back to his true form to fight the demon.

"Bù kěyǐ! Nà huì xiàhuài guówáng de. Zuì hǎo děngdào
guówáng hé wánghòu líkāi fángjiān."

Dàn lǎo hóuzi méiyǒu bànfǎ zǔzhǐ tā zìjǐ nàyàng zuò. Tā
páoxiāozhe, biàn huí le tā yuánlái de yàngzi. Tā pǎo xiàng
qián, zhuāzhù gōngzhǔ, dà hǎn, "Nǐ zhè gāisǐ de shòu! Nǐ
zài zhèlǐ búshì zhēnde gōngzhǔ, dàn zài xiǎngshòu
gōngdiàn lǐ de shēnghuó, zhè yǐjīng shì hěn bùhǎo le.
Kěshì nǐ wèishénme hái yào piàn wǒ shīfu, tōuzǒu tāde
zhēn yáng ne?"

Gōngdiàn lǐ dàluàn. Guówáng xiàdé dòng bùliǎo le.
Wánghòu hé fēizimen dǎo xiàng sìchù. Gōngdiàn de
gōngrén hàipà jí le, fāfēng yíyàng de pǎo lái pǎo qù.
Zhǐyǒu jiǎ gōngzhǔ búpà. Tā cóng Sūn Wùkōng de
shǒuzhōng táo le chūlái. Tā tuōdiào le suǒyǒu de yīfu,
nádiào le zhūbǎo. Tā pǎo dào fùjìn de yígè shénshè,
zhuāqǐ yì gēn yòu duǎn yòu zhòng de bàng. Zhuǎnshēn,
tā yòng tāde bàng zá xiàng Sūn Wùkōng. Tā hěn kuài de
yòng tāde bàng dǎngzhù le tā. Liǎng rén hùxiāng hǎnzhe,
shàng le tiānkōng, zài yúnwù zhōng zhàndòu.

Zhèshì yì chǎng zěnyàng de zhàndòu!

Jīn gū bàng hěn yǒumíng

"不可以！那会吓坏国王的。最好等到国王和王后离开房间。"

但老猴子没有办法阻止他自己那样做。他咆哮着，变回了他原来的样子。他跑向前，抓住公主，大喊，"你这该死的兽！你在这里不是真的公主，但在享受宫殿里的生活，这已经是很不好了。可是你为什么还要骗我师父，偷走他的真阳呢？"

宫殿里大乱。国王吓得动不了了。王后和妃子们倒向四处。宫殿的工人害怕极了，发疯一样地跑来跑去。只有假公主不怕。她从孙悟空的手中逃了出来。她脱掉了所有的衣服，拿掉了珠宝。她跑到附近的一个神社，抓起一根又短又重的棒。转身，她用她的棒砸向孙悟空。他很快地用他的棒挡住了它。两人互相喊着，上了天空，在云雾中战斗。

这是一场怎样的战斗！

金箍棒很有名

Duǎn bàng méi rén zhīdào

Héshang shì wèile qiú zhēn jīng lái

Móguǐ shì wèile ài qíguài de huā lái

Tā tīngshuōguò Táng héshang, tā jí xiǎng yào tā

qiángdà de yáng

Yì nián qián tā biàn le zhēn gōngzhǔ de yàngzi

Xiànzài dàshèng zhīdào zhēnxiàng

Duǎn bàng jīzhòng le tóu

Jīn gū bàng jīzhòng le liǎn

Tāmen liǎng gè dà hǎnzhe zài tiānkōngzhōng zhàndòu

Wù hé yún zhēzhù le tàiyáng

Zài xiàmiàn, Tángsēng shēnchū shǒu, zhuāzhù le guówáng
de shǒu. Tā shuō, "Bìxià, qǐng búyào hàipà! Nàge nǚrén
qíshí shì yígè móguǐ, tā biànchéng le nǐ nǚ'ér de yàngzi.
Děng wǒde túdì zhuāzhù tā shí, nǐ jiù míngbái le."
Guówáng lěngjìng le yìdiǎn. Tāmen yìqǐ kànzhe tiānkōng
zhōng de zhàndòu.

Zài tiānkōng zhōng, hóuzi hé yāoguài zhàndòu le bàntiān.
Ránhòu Sūn Wùkōng bǎ tāde bàng rēng dào kōng zhōng,
hǎn dào, "Biàn!" Yì gēn bàng biànchéng le shí gēn, shí gēn
biànchéng le yìbǎi gēn, yìbǎi gēn biànchéng le jǐ qiān gēn.
Bàng xiàng yì tuán shé yíyàng, gōngjī yāoguài. Tā biàn

122

短棒没人知道

和尚是为了求真经来

魔鬼是为了爱奇怪的花来

她听说过唐和尚，她极想要他强大的阳

一年前她变了真公主的样子

现在大圣知道真相

短棒击中了头

金箍棒击中了脸

他们两个大喊着在天空中战斗

雾和云遮住了太阳

在下面，唐僧伸出手，抓住了国王的手。他说，"陛下，请不要害怕！那个女人其实是一个魔鬼，她变成了你女儿的样子。等我的徒弟抓住她时，你就明白了。"国王冷静了一点。他们一起看着天空中的战斗。

在天空中，猴子和妖怪战斗了半天。然后孙悟空把他的棒扔到空中，喊道，"变！"一根棒变成了十根，十根变成了一百根，一百根变成了几千根。棒像一团蛇一样，攻击妖怪。她变

chéng yì lǚ qīngfēng, xiàng tiānshàng fēi qù. Sūn Wùkōng
ná huí suǒyǒu de bàng, bǎ tāmen biànchéng yì gēn,
ránhòu gēnzhe tā.

Tāmen liǎ lái dào le xī tiānmén. Tā hǎn dào, "Dǎngzhù
nàge yāoguài, búyào ràng tā táopǎo!" Sì Wèi Dà
Yuánshuài dōu názhe zìjǐ de wǔqì, dǎngzhù le tāde qùlù.
Yāoguài zhuǎnguò shēn lái, yòu kāishǐ hé Sūn Wùkōng
zhàndòu.

Zhàndòu zhōng, Sūn Wùkōng kànzhe yāoguài de wǔqì.
Tā wèn, "Gāisǐ de shòu, nàshì shénme wǔqì? Xiànzài jiù
gàosù wǒ, bú gàosù wǒ, wǒ jiù zá nǐde tóu!"

"Suǒyǐ," tā huídá shuō, "nǐ bù zhīdào wǒde wǔqì ma?

Zhè shì yíkuài yáng zhīyù

Qiēgē hé dǎmó le jǐ qiān nián

Dāng hùndùn dì yī cì fēnkāi shí, tā yǐjīng shì wǒde

Dāng shìjiè kāishǐ shí, tā yǐjīng shì wǒde

成一缕清风，向天上飞去。<u>孙悟空</u>拿回所有的棒，把它们变成一根，然后跟着她。

他们俩来到了西天门。他喊道，"挡住那个妖怪，不要让她逃跑！"四位<u>大元帅</u>都拿着自己的武器，挡住了她的去路。妖怪转过身来，又开始和<u>孙悟空</u>战斗。

战斗中，<u>孙悟空</u>看着妖怪的武器。他问，"该死的兽，那是什么武器？现在就告诉我，不告诉我，我就砸你的头！"

"所以，"她回答说，"你不知道我的武器吗？

    这是一块羊脂玉[1]

    切割[2]和打磨[3]了几千年

    当混沌第一次分开时，它已经是我的

    当世界开始时，它已经是我的

---

[1] 脂   zhī – fat. 脂玉 (zhīyù) is mutton fat jade, a translucent variety of nephrite jade with a greasy luster resembling mutton fat, used for ornamental objects.

[2] 切割   qiēgē – to cut metal or gemstones

[3] 打磨   dǎmó – to polish

Tā hé wǒ yìqǐ zhù zài Yuègōng lǐ

Yīnwèi ài huā, wǒ lái dào rénjiān

Wǒ qù le Yìndù, biànchéng yígè niánqīng nǚhái de yàngzi

Wǒ zhǐyǒu yí ge xīnyuàn jiùshì hé Táng héshang jiéhūn

Nǐ zěnme néng huǐ le zhè chǎng měilì de hūnlǐ?

Xiàng yìtóu shòu yíyàng zài tiānkōng zhōng zhuīzhe wǒ

Wǒde wǔqì bǐ nǐde tiě bàng gèng gǔlǎo

Tā yǐqián zài Yuègōng zhōng shì yòng lái zuò yào de

Bèi tā yì jī, nǐde shēngmìng jiù jiéshù le!"

"Hā!" Sūn Wùkōng shuō. "Rúguǒ nǐ zhù zài Yuègōng, nǐ yídìng zhīdào lǎo hóuzi. Nǐ wèishénme hé wǒ dǎ? Nǐ yídìng huì shū de!"

"Ó, shìde, wǒ rènshí nǐ. Nǐ shì nàge zhàogù Yùhuáng Dàdì de mǎ, zài tiānshàng zhǎo nàme dà máfan de rén. Wǒ yīnggāi táolí nǐ. Dàn nǐ xiǎng yào zǔzhǐ wǒde hūnlǐ, zhè hé shāsǐ fùmǔ

它和我一起住在月宫里[1]

因为爱花，我来到人间

我去了印度，变成一个年轻女孩的样子

我只有一个心愿就是和唐和尚结婚

你怎么能毁了这场美丽的婚礼？

像一头兽一样在天空中追着我

我的武器比你的铁棒更古老

它以前在月宫中是用来做药的

被它一击，你的生命就结束了！"

"哈！"孙悟空说。"如果你住在月宫，你一定知道老猴子。你为什么和我打？你一定会输的！"

"哦，是的，我认识你。你是那个照顾玉皇大帝的马、在天上找那么大麻烦的人。我应该逃离你。但你想要阻止我的婚礼，这和杀死父母

---

[1] The Hall of the Moon, sometimes called the Cold Palace, is the home of Chang'e, the Goddess of the Moon. The beautiful Chang'e stole the elixir of immortality from her husband who had hidden it under their bed. She drank it and floated up to the moon. Later, the Jade Emperor gave her the Hall of the Moon as a gift. Longing to return to the human world, she asked the Jade Rabbit to help her make medicine by pounding drugs with a mortar and pestle.

yíyàng de huài. Wǒ yídìng yào hé nǐ zhàndòu!"

Sūn Wùkōng hěn bù xǐhuān biérén shuō tā zhàogù huángdì de mǎ de gōngzuò. Suǒyǐ tā jǔqǐ tāde bàng dǎ tā. Tā dǎngzhù le nà yì jī, tāmen yòu zài tiānmén qián kāishǐ le zhàndòu. Tāmen dǎ le yīhuǐ'er. Yāoguài rènshí dào tā méiyǒu bànfǎ yíng zhè zhàndòu. Suǒyǐ tā yáo le yáo shēntǐ, biànchéng le yídào jīnguāng. Guāng fēi xià tiān, jìnrù le yígè shāndòng. Sūn Wùkōng gēnzhe guāng, kàn kàn tā qù nǎlǐ. Ránhòu tā zhuǎnshēn huí dào le wángguó.

"Shīfu, wǒ huílái le!" tā hǎn dào.

Tángsēng huídá shuō, "Wùkōng, xiǎoxīn, bié xiàzhe bìxià. Gàosù wǒ, gōngzhǔ zěnmele?"

"Rúguǒ nàge gōngzhǔ shì ge yāoguài, zhèn de zhēn gōngzhǔ zài nǎlǐ?" guówáng wèn.

Sūn Wùkōng shuō, "Jiǎ gōngzhǔ yídìng shì yāoguài. Wǒ hé tā dǎ le bàntiān, ránhòu wǒ zhuīzhe tā dào le tiān mén. Ménkǒu de shìwèi dǎngzhù le tāde qùlù, tā jiù zhuǎnshēn yòu hé wǒ dǎ le qǐlái. Ránhòu tā biànchéng le yídào jīnguāng, fēi dào le zhèlǐ xiàng nán de yízuò shānshàng. Wǒ zhǎo bú dào tā, wǒ hàipà tā huì lái shānghài nǐ, suǒ

一样的坏。我一定要和你战斗！"

孙悟空很不喜欢别人说他照顾皇帝的马的工作。所以他举起他的棒打她。她挡住了那一击，他们又在天门前开始了战斗。他们打了一会儿。妖怪认识到她没有办法赢这战斗。所以她摇了摇身体，变成了一道金光。光飞下天，进入了一个山洞。孙悟空跟着光，看看它去哪里。然后他转身回到了王国。

"师父，我回来了！"他喊道。

唐僧回答说，"悟空，小心，别吓着陛下。告诉我，公主怎么了？"

"如果那个公主是个妖怪，朕的真公主在哪里？"国王问。

孙悟空说，"假公主一定是妖怪。我和她打了半天，然后我追着她到了天门。门口的侍卫挡住了她的去路，她就转身又和我打了起来。然后她变成了一道金光，飞到了这里向南的一座山上。我找不到她，我害怕她会来伤害你，所

yǐ wǒ mǎshàng jiù huílái le."

Guówáng shuō, "Qiú qiú nǐ, qǐng jiù zhèn de zhēn gōngzhǔ, bǎ tā huán gěi zhèn!"

"Bìxià, qǐng hé wǒde shīfu yìqǐ huí dào dàdiàn. Qǐng jiào wǒde liǎng gè xiōngdì lái bǎohù nǐ hé wǒde shīfu. Ránhòu wǒ jiù qù xiángfú nà yāoguài."

Guówáng tóngyì le, hái wèi Táng héshang hé tāde túdìmen ānpái le sùshí. Sūn Wùkōng xiàng Zhū hé Shā jiǎng le qíngkuàng. Ránhòu tā yòng tāde jīndǒu yún xiàng nánbian de shān fēi qù.

Tā zài shānshàng zhǎo, dàn zhǎo bú dào yāoguài. Zhèshì yīnwèi yāoguài pá jìn le yígè xiǎo shāndòng, tā yòng shítou dǎngzhù le rùkǒu. Zhǎo le yīhuǐ'er, Sūn Wùkōng jiào lái le tǔdì shén hé shān shén.

Tāmen lái le, kòutóu shuō, "Qǐng búyào dǎ wǒmen! Wǒmen duì zhè jiàn shì yìdiǎn dōu bù liǎojiě."

"Wǒ xiànzài hái búhuì dǎ nǐmen. Gàosù wǒ, zhè zuò shān jiào shénme míngzì, zhèlǐ zhùzhe shénme yāoguài?"

"Dà shèng, zhè shān jiào Máoyǐng Shān. Zhèlǐ cónglái méiyǒuguò yāo

以我马上就回来了。"

国王说，"求求你，请救朕的真公主，把她还给朕！"

"陛下，请和我的师父一起回到大殿。请叫我的两个兄弟来保护你和我的师父。然后我就去降伏那妖怪。"

国王同意了，还为<u>唐</u>和尚和他的徒弟们安排了素食。<u>孙悟空</u>向<u>猪</u>和<u>沙</u>讲了情况。然后他用他的筋斗云向南边的山飞去。

他在山上找，但找不到妖怪。这是因为妖怪爬进了一个小山洞，她用石头挡住了入口。找了一会儿，<u>孙悟空</u>叫来了土地神和山神。

他们来了，叩头说，"请不要打我们！我们对这件事一点都不了解。"

"我现在还不会打你们。告诉我，这座山叫什么名字，这里住着什么妖怪？"

"大圣，这山叫<u>毛颖</u>山。这里从来没有过妖

guài. Zhǐyǒu sān gè tùzi wō."

"Wǒmen qù kàn kàn tāmen." Tāmen sān rén qù zhǎo nà sān gè tùzi wō. Zài dì yī gè wō lǐ, tāmen zhǐ kàndào jǐ zhī tùzi. Dàn dì èr gè wō bèi liǎng kuài dà shítou dǎngzhù le. Sūn Wùkōng yòng tāde bàng bǎ shítou tuī kāi. Tā gāng tuī kāi shítou, yāoguài jīng jiù chōng le chūlái, gōngjī tā hé liǎng wèi shén. Tāmen dōu shàng le tiānkōng zhōng.

Sūn Wùkōng gèng qiángdà, jīhū jiù yào shā le yāoguài jīng. Dàn tūrán, yí gè shēngyīn cóng Jiǔchóng Tiān chuán lái, shuō, "Dà shèng, búyào dòngshǒu!"

Hóuzi táitóu kàn, kàndào shì Tàiyīn Xīng Jūn. Tā zài yì duǒ fěnhóng sè de yún shàng zǒu lái. Cháng'é hé suǒyǒu qítā de yuèliàng nǚshén dōu gēnzhe tā. Sūn Wùkōng fàng huí tāde bàng, jūgōng shuō, "Lǎofū, nǐ yào qù nǎlǐ? Wǒ hěn duìbùqǐ, méiyǒu gěi nǐ ràng dào."

Tàiyīn Xīng Jūn huídá shuō, "Hé nǐ zhàndòu de nà zhī yāoguài shì wǒ Yuègōng lǐ de yù tù. Tāde gōngzuò shì zuò wǒde Shénmì Shuāng Xiān

怪。只有三个兔子窝[1]。"

"我们去看看它们。"他们三人去找那三个兔子窝。在第一个窝里，他们只看到几只兔子。但第二个窝被两块大石头挡住了。孙悟空用他的棒把石头推开。他刚推开石头，妖怪精就冲了出来，攻击他和两位神。他们都上了天空中。

孙悟空更强大，几乎就要杀了妖怪精。但突然，一个声音从九重天传来，说，"大圣，不要动手！"

猴子抬头看，看到是太阴星君。他在一朵粉红色的云上走来。嫦娥和所有其他的月亮女神都跟着他。孙悟空放回他的棒，鞠躬说，"老夫，你要去哪里？我很对不起，没有给你让道。"

太阴星君回答说，"和你战斗的那只妖怪是我月宫里的玉兔。她的工作是做我的神秘霜仙

---

[1] 窝   wō – nest, den

Yào. Yì nián qián, tā dǎkāi yù suǒ, cóng Yuègōng zhōng táo le chūlái. Wǒ xiǎng tā kěnéng yǒu wéixiǎn, suǒyǐ wǒ lái zhèlǐ jiù tā. Qǐng búyào shā tā."

"Dāngrán, dāngrán," Sūn Wùkōng huídá. "Wǒ bùnéng jùjué nǐ. Nàme, tā zhǐshì yì zhī xiǎo tùzi! Dànshì nǐ zhīdào ma, nǐde tùzi biànchéng le Yìndù gōngzhǔ de yàngzi. Tā xiǎng hé wǒde shīfu jiāohé, tōuzǒu tāde yáng qì. Zhèshì yígè fēicháng zhòng de zuì."

"Yǒuxiē shìqing nǐ yě bù zhīdào. Guówáng de nǚ'ér búshì pǔtōng de nǚhái. Shíbā nián qián, tā shì Yuègōng lǐ de Sù É. Yǒu yì tiān, tā dǎ le xiǎo yù tù yígè bāzhǎng. Ránhòu, yīnwèi hěn xiǎng shēnghuó zài xiàmiàn de shìjiè, tāde línghún jìnrù le Yìndù nǚwáng de dùzi, nǚwáng shēng xià le yí wèi gōngzhǔ. Dàn xiǎo tùzi cónglái méiyǒu wàngjì nà yì bāzhǎng. Suǒyǐ tā cái táopǎo, suǒyǐ tā cái bǎ Sù É sòngchū Yuègōng. Búguò, nǐ shì duì de, tā bù yīnggāi xiǎngyào hé nǐde shīfu jiāohé. Qǐng bǎ tā huán gěi wǒ."

Sūn Wùkōng xiào dào, "Xiànzài wǒ míngbái le. Dàn rúguǒ nǐ bǎ xiǎo

药。一年前，她打开玉锁，从月宫中逃了出来。我想她可能有危险，所以我来这里救她。请不要杀她。"

"当然，当然，"孙悟空回答。"我不能拒绝你。那么，她只是一只小兔子！但是你知道吗，你的兔子变成了印度公主的样子。她想和我的师父交合，偷走他的阳气。这是一个非常重的罪。"

"有些事情你也不知道。国王的女儿不是普通的女孩。十八年前，她是月宫里的素娥。有一天，她打了小玉兔一个巴掌[1]。然后，因为很想生活在下面的世界，她的灵魂进入了印度女王的肚子，女王生下了一位公主。但小兔子从来没有忘记那一巴掌。所以她才逃跑，所以她才把素娥送出月宫。不过，你是对的，她不应该想要和你的师父交合。请把她还给我。"

孙悟空笑道，"现在我明白了。但如果你把小

---

[1] 巴掌　bāzhang – slap

tùzi dài zǒu, pà shì guówáng kěnéng bú huì xiāngxìn wǒde gùshì. Nǐ néngbùnéng hé wǒ yìqǐ huí dào wánggōng, bǎ nǐ jiǎng gěi wǒde nàge gùshì jiǎng gěi guówáng tīng. Hǎo ma?"

"Kěyǐ," Tàiyīn Xīng Jūn shuō. Ránhòu zhuǎnxiàng yāoguài, tā shuō, "Xié shòu, nǐ gāi huí dào zhèngdào shàng le!"

Yāoguài gǔn dào dìshàng. Jǐ miǎo zhōng hòu, tā jiù biànchéng le yì zhī xiǎo tùzi. Tā yǒu hěn jiān de yáchǐ, liè kāi de zuǐchún, hóng hóng de yǎnjīng, ruǎn ruǎn de ěrduo hé nǎiyóu sè de xiǎo bízi. Tāde shēnshàng dōushì xiàng yù yíyàng de máo. Sūn Wùkōng xiào le qǐlái, tāmen dōu fēi huí le wánggōng.

Tāmen zài tàiyáng xiàshān, yuèliang shànglái shí dào le gōngdiàn. Guówáng, Tángsēng, Zhū hé Shā dōu zài cháotíng lǐ. Tāmen táitóu kàndào yì duǒ míngliàng de cǎiyún cóng nánmiàn guòlái. Tāmen tīngdào dà shèng hǎn dào," Yìndù bìxià, qǐng chūlái kàn kàn. Zhè shì Tàiyīn Xīng Jūn. Hé tā zài yìqǐ de, jiùshì yuèliang nǚshén Cháng'é, hái yǒu zhè zhī yǐqián shì jiǎ gōngzhǔ de xiǎo yù tù. Xiànzài nǐ kàndào tāde

兔子带走，怕是国王可能不会相信我的故事。你能不能和我一起回到王宫，把你讲给我的那个故事讲给国王听。好吗？"

"可以，"太阴星君说。然后转向妖怪，他说，"邪兽，你该回到正道上了！"

妖怪滚到地上。几秒钟后，她就变成了一只小兔子。她有很尖的牙齿，裂[1]开的嘴唇，红红的眼睛，软软的耳朵和奶油[2]色的小鼻子。她的身上都是像玉一样的毛。孙悟空笑了起来，他们都飞回了王宫。

他们在太阳下山、月亮上来时到了宫殿。国王、唐僧、猪和沙都在朝廷里。他们抬头看到一朵明亮的彩云从南面过来。他们听到大圣喊道，"印度陛下，请出来看看。这是太阴星君。和他在一起的，就是月亮女神嫦娥，还有这只以前是假公主的小玉兔。现在你看到她的

---

[1] 裂　　　liè – split, crack
[2] 奶油　　nǎiyóu – cream

zhēn yàngzi le."

Tāmen dōu táitóu xiàngshàng kàn. Zhū dòng le yùwàng zhī xīn. Tā tiào dào kōngzhōng, shēnshǒu qù zhuā qízhōng yí wèi yuèliang nǚshén. Tā hǎn dào, "Jiějie, nǐ hé wǒ dōushì lǎo péngyǒu. Wǒmen qù wán ba!" Sūn Wùkōng zhuāzhù tā, dǎ le tā yì bāzhǎng, ránhòu bǎ tā tuīdǎo zài dìshàng.

Guówáng bù lǐ zhè shì, wèn dào, "Jiǎ gōngzhǔ yǐjīng bèi nǐ qiángdà de mófǎ zhuāzhù le, nà wǒmen qù nǎlǐ zhǎo zhēn gōngzhǔ ne?"

Sūn Wùkōng shuō, "Nǐ nǚ'ér zhēnde shì Yuègōng zhōng de Sù É xiānnǚ. Tā xiǎng shēnghuó zài zhège shìjiè shàng, suǒyǐ tā jìnrù le nǚwáng de dùzi lǐ, shēngxiàlái jiùshì nǐde nǚ'ér. Xiànzài tā zhù zài Bù Jīn Sì lǐ, zài nàlǐ tā jiǎzhuāng fēng le. Wǒmen dàjiā dōu xiān shuìjiào. Zǎoshàng, wǒ huì bǎ nǐde nǚ'ér huán gěi nǐ."

Dì èr tiān zǎoshàng, guówáng xiàng yǐqián yíyàng shàng cháotíng. Tā ràng Tángsēng qù zhǎo tāde nǚ'ér.

Tángsēng huídá shuō, "Bìxià, wǒmen zuìjìn jīngguò Bù Jīn Sì fùjìn, zài nàlǐ xiūxi. Yìtiān wǎnshàng, wǒmen tīngdào yígè nǚháizi de kū shēng. Yí wèi zhǎnglǎo gàosù wǒmen, yì nián qián, yí

真样子了。"

他们都抬头向上看。猪动了欲望之心。他跳到空中，伸手去抓其中一位月亮女神。他喊道，"姐姐，你和我都是老朋友。我们去玩吧！"孙悟空抓住他，打了他一巴掌，然后把他推倒在地上。

国王不理这事，问道，"假公主已经被你强大的魔法抓住了，那我们去哪里找真公主呢？"

孙悟空说，"你女儿真的是月宫中的素娥仙女。她想生活在这个世界上，所以她进入了女王的肚子里，生下来就是你的女儿。现在她住在布金寺里，在那里她假装疯了。我们大家都先睡觉。早上，我会把你的女儿还给你。"

第二天早上，国王像以前一样上朝廷。他让唐僧去找他的女儿。

唐僧回答说，"陛下，我们最近经过布金寺附近，在那里休息。一天晚上，我们听到一个女孩子的哭声。一位长老告诉我们，一年前，一

zhèn qíguài de fēng bǎ zhège nǚhái dài dào le sìmiào, bǎ tā diū jìn le Zhī Shù Gěi Gū Yuán. Tā gàosù héshang, tā shì Yìndù guówáng de nǚ'ér. Héshang dānxīn qítā de héshang huì gěi tā dài lái máfan, suǒyǐ wéile bǎohù tā zìjǐ, tā bǎ tā guān zài yígè fángjiān lǐ. Měitiān wǎnshàng, tā dōuhuì wèi tāde fùmǔ kū. Lǎo héshang gàosù wǒmen, tā qùguò shǒudū, xiǎng zhīdào gèng duō yǒuguān zhè jiàn shì de xiāoxi, dàn kàndào gōngzhǔ hái zhù zài gōng lǐ, kàn qǐlái yě hái hǎo. Zhèng yīnwèi zhèyàng, tā bù gǎn duì guówáng shuō shénme. Dàn dāng wǒmen dào le sìmiào hòu, tā yāoqiú wǒmen yòng wǒmen de quánlì lái zhǎochū shìqing de zhēnxiàng. Xiànzài wǒmen dōu zhīdào le zhēnxiàng. Tùzi yǐjīng bèi Tàiyīn Xīng Jūn dài huílái le, nǐde nǚ'ér hái zài sìmiào lǐ."

Guówáng gāoxìng de kū le qǐlái. Tā wèn, "Zhège Bù Jīn Sì yǒu duō yuǎn?"

"Bú dào liùshí lǐ lù," Tángsēng shuō.

Guówáng mǎshàng wèi tā zìjǐ, wánghòu, Tángsēng hé túdìmen ānpái le mǎchē. Tāmen shànglù qiánwǎng sìmiào. Dàn Sūn Wùkōng tiào xià le mǎchē, fēi shàng le tiānkōng, hěnkuài jiù dào le sìmiào. Tā duì héshangmen shuō, "Nà wèi zhǎnglǎo zài nǎlǐ? Gàosù tā kuàidiǎn chū

阵奇怪的风把这个女孩带到了寺庙，把她丢进了祗树给孤园。她告诉和尚，她是印度国王的女儿。和尚担心其他的和尚会给她带来麻烦，所以为了保护她自己，他把她关在一个房间里。每天晚上，她都会为她的父母哭。老和尚告诉我们，他去过首都，想知道更多有关这件事的消息，但看到公主还住在宫里，看起来也还好。正因为这样，他不敢对国王说什么。但当我们到了寺庙后，他要求我们用我们的权力来找出事情的真相。现在我们都知道了真相。兔子已经被太阴星君带回来了，你的女儿还在寺庙里。"

国王高兴地哭了起来。他问，"这个布金寺有多远？"

"不到六十里路，"唐僧说。

国王马上为他自己、王后、唐僧和徒弟们安排了马车。他们上路前往寺庙。但孙悟空跳下了马车，飞上了天空，很快就到了寺庙。他对和尚们说，"那位长老在哪里？告诉他快点出

lái. Nǐmen suǒyǒu rén, zhǔnbèi yíngjiē Yìndù guówáng hé wánghòu!"

Zhǎnglǎo chūlái le. Sūn Wùkōng gěi tā jiǎng le zhěnggè guānyú Yuánxiāo Jié, jiǎ gōngzhǔ, tiānshàng de zhàndòu, Tàiyīn Xīng Jūn dàolái de gùshì. Lǎo héshang yícì yòu yícì de kòutóu. Sūn Wùkōng shuō, "Bié jūgōng! Zhǔnbèi hǎo yíngjiē guówáng hé wánghòu ba!"

Bùjiǔ zhīhòu, dàizhe guówáng hé wánghòu de mǎchē dào le. Sìmiào de héshang zài nàlǐ yíngjiē tāmen, hé héshang zhàn zài yìqǐ de shì Sūn Wùkōng. "Nǐ zěnme zhème kuài jiù dào zhèlǐ le?" guówáng wèn.

Sūn Wùkōng huídá shuō, "Zhè duì lǎo hóuzi láishuō hěn róngyì. Nǐ wèishénme zhème màn cái dào zhèlǐ?"

Yìqún rén jìn le sìmiào. Zhǎnglǎo bǎ tāmen dài dào jiǎzhuāng fēng le de gōngzhǔ de fángjiān. Héshang guì zài dìshàng, shuō, "Bìnxià, gōngzhǔ jiù zài zhège fángjiān lǐ."

Guówáng mìnglìng bǎmén dǎkāi. Guówáng hé wánghòu wǎng lǐmiàn kàn, suī

来。你们所有人，准备迎接<u>印度</u>国王和王
后！”

长老出来了。<u>孙悟空</u>给他讲了整个关于<u>元宵</u>
节、假公主、天上的战斗、<u>太阴星君</u>到来的故
事。老和尚一次又一次地叩头。<u>孙悟空</u>说，
“别鞠躬！准备好迎接国王和王后吧！”

不久之后，带着国王和王后的马车到了。寺庙
的和尚在那里迎接他们，和和尚站在一起的是
<u>孙悟空</u>。“你怎么这么快就到这里了？”国王
问。

<u>孙悟空</u>回答说，“这对老猴子来说很容易。你
为什么这么慢才到这里？”

一群人进了寺庙。长老把他们带到假装疯了的
公主的房间。和尚跪在地上，说，“陛下，公
主就在这个房间里。”

国王命令把门打开。国王和王后往里面看，虽

---

¹ 迎接　　yíngjiē – to receive respected guests

rán tā fēicháng zāng, tāmen háishì rènchū le tāmen de nǚ'ér. "Wǒmen kělián de háizi!" tāmen kū le, tāmen sān gè rén bào zài yìqǐ, kū le hěnjiǔ.

Zhīhòu, gōngzhǔ xǐ le zǎo, chuān shàng le gānjìng de yīfu, tāmen dōu shàng le yù chē. Dāng tāmen zhèng zhǔnbèi líkāi shí, Sūn Wùkōng zǒu dào le yù chē qián. Tā duì guówáng shuō, "Bìxià, yǒu yí jiàn xiǎoshì wǒ xiǎng hé nǐ tǎolùn yíxià."

"Dāngrán, zhèn huì zuò nǐ yāoqiú zhèn zuò de rènhé shìqing."

"Zhèlǐ yǒu yízuò shān, míng jiào Bǎi Jiǎo Shān. Nàlǐ yǒu xǔduō wúgōng biànchéng de xié jīng. Tāmen zài yèlǐ shānghài rén. Wǒ qǐng nǐ xuǎn yìqiān zhī gōngjī, bǎ tāmen sàn fàng zài shānshàng. Tāmen huì chīdiào suǒyǒu de wúgōng. Lìngwài, nǐ yīnggāi gǎi shān míng. Nǐ yīnggāi gěi yìxiē qián yònglái xiū zhè zuò lǎo sìmiào."

Guówáng zhào Sūn Wùkōng de yāoqiú zuò le. Yìqiān zhī gōngjī bèi sòng qù chī wúgōng. Zhè zuò shān de míngzì gǎi wéi Bǎohuà Shān. Gěi le xiū sìmiào de qián hé xiū sìmiào xūyào de dōngxi, Bù Jīn Sì gǎi míng wéi Bǎohuà Shān Bù Jīn Sì. Ràng nà wèi zhǎnglǎo chéngwéi le sēngrén guānyuán, hái

然她非常脏，他们还是认出了他们的女儿。

"我们可怜的孩子！"他们哭了，他们三个人抱在一起，哭了很久。

之后，公主洗了澡，穿上了干净的衣服，他们都上了御车。当他们正准备离开时，孙悟空走到了御车前。他对国王说，"陛下，有一件小事我想和你讨论一下。"

"当然，朕会做你要求朕做的任何事情。"

"这里有一座山，名叫百脚山。那里有许多蜈蚣变成的邪精。他们在夜里伤害人。我请你选一千只公鸡，把它们散放在山上。它们会吃掉所有的蜈蚣。另外，你应该改山名。你应该给一些钱用来修这座老寺庙。"

国王照孙悟空的要求做了。一千只公鸡被送去吃蜈蚣。这座山的名字改为宝华山。给了修寺庙的钱和修寺庙需要的东西，布金寺改名为宝华山布金寺。让那位长老成为了僧人官员，还

gěi le tā 36 tǒng gǔzi. Hái yǒu xǔduō yànhuì qìngzhù

gōngzhǔ de huílái.

Yóurénmen tíngliú le wǔ, liù tiān, dàn tāmen xiǎng jìxù

tāmen de lǚtú. Guówáng wèi tāmen zhǔnbèi le yù chē,

bǎ tāmen dài dào chéng xīmén. Tāmen xià le yù chē, yòu

kāishǐ xiàng xī zǒu. Zhēnshì

Xǐ qù gǎnxiè de huà, tāmen huí dào le běnxìng

Líkāi huángjīn de hǎi, tāmen wùdào le zhēnkōng

Wǒ qīn'ài de háizi, Tángsēng yǐjīng xīyóu shísì nián le.

Tāde lǚtú mǎshàng jiùyào jiéshù le, dàn wǒmen bù

zhīdào tā jiāng zěnme jiéshù.

Nǐ huì zài zuìhòu yígè gùshì zhōng zhīdào. Wǎn'ān!

给了他 36 桶谷子。还有许多宴会庆祝[1]公主的回来。

游人们停留了五、六天，但他们想继续他们的旅途。国王为他们准备了御车，把他们带到城西门。他们下了御车，又开始向西走。真是

洗去感谢的话，他们回到了本性[2]

离开黄金的海，他们悟到了真空

我亲爱的孩子，唐僧已经西游十四年了。他的旅途马上就要结束了，但我们不知道它将怎么结束。

你会在最后一个故事中知道。晚安！

---

[1] 庆祝　qìngzhù – to celebrate
[2] 本性　běnxìng – nature

The Lazy Monk

Chapter 91

My dear child, how should you practice the Way?

> Cut off the horse's thoughts and the ape's mind
> Bind them tight, they will glow with the five colors
> Let them escape, you will walk the three paths of suffering
> Seek the easy life, heaven's elixir will leak and your jade
> will wither.
> Sweep away anger, joy and worry, you will understand the
> wonderful mystery

In our last story I told you how Tangseng and his three disciples fought lion demons and saved the Jade Flower City. Afterwards, they left the city and resumed their journey to the west. They walked for five or six days, then they saw another city.

"This is strange," said Sun Wukong, looking at the city. "I see a flagpole but no flag. Let's go inside and learn more."

Just outside the city gate they came to a busy marketplace with tea houses, wine shops and stores selling rice and oil. The people stared at the Chinese monk and his three disciples, the monkey king Sun Wukong, the pig-man Zhu Bajie, and the tall dark man Sha Wujing. The four travelers ignored them. They continued walking until they came to a monastery with a sign saying, "Mercy Cloud Temple."

"Let's go inside," said Tangseng. "We can rest the horse and beg some food."

They entered the monastery. It was full of people worshipping Buddha and climbing the pagoda. A golden bell was ringing and monks were chanting Buddhist sutras. A monk walked up to Tangseng and asked, "Welcome travelers! Where did you come from?"

Tangseng replied, "This poor monk has traveled from the land of Tang in China. My disciples and I are seeking holy scriptures from the Buddha at Spirit Mountain."

The monk kowtowed to Tangseng. Tangseng, surprised, helped the monk back to his feet and asked why he kowtowed. The monk said, "Great teacher, in this region the monks chant sutras and pray to Buddha, hoping that in their next life they will be born in China. You are from China, so you must be a great soul."

Tangseng smiled and said, "No, I am just a poor monk who travels and begs for food. You have a quiet and comfortable life here. You are the one who is blessed!" Then he asked, "Tell me, what is the name of this treasure region, and how far away is Spirit Mountain?"

"This is Gold Level Prefecture, on the eastern border of India. We are about two thousand miles from our capital city, but we do not know how far it is to Spirit Mountain."

Tangseng thanked him for telling him this. Then the monk asked Tangseng to stay for a few days to enjoy the Lantern Festival. He said, "Lanterns and lights will be set up, and there will be music all night long." The travelers agreed to stay. Their hosts gave them a vegetarian dinner, then in the evening they all went outside to see the lanterns burning on Golden Lamp Bridge.

The next day they rested and had breakfast and lunch. In the afternoon they went for a walk around the city. And in the evening they went out again to look at the lanterns burning on Golden Lamp Bridge.

On the third day, Tangseng said, "This poor monk once vowed to sweep out a pagoda every time I came to one. Would you please let me to sweep out your pagoda?" The monk agreed. He opened the pagoda door. Tangseng and Sha went in. Tangseng used a broom to sweep out the first floor. They walked up to the second floor and Tangseng swept it out. They continued like this until they reached the top. They rested for a short time on the top floor, looking out at the city below. Then they walked down to the ground level. By this time it was evening again.

"Great teacher," said the monk, "you have seen our lanterns the last two nights. Tonight is the main festival night. Let's go into the city and watch the lanterns there!"

Tangseng agreed. He and the three disciples walked into the city. What did they see?

> Thousands of lanterns hanging in the marketplace
> In the sky, the moon is like a round silver dish
> The moonlight shines on the lanterns, making them even brighter
> Snowflake lanterns, plum blossom lanterns
> Like bits of ice in spring
> Embroidered screen lanterns, painted screen lanterns
> Made of every color
> Blue lion lanterns, white elephant lanterns
> Hanging high on the city walls
> Goat lanterns, rabbit lanterns
> Bringing the houses to life
> Eagle lanterns, phoenix lanterns
> Hanging in two long rows
> Tiger lanterns, horse lanterns
> Carried together down the street
> Lanterns on thousands of houses

Making clouds and smoke for miles
Behind curtains beautiful shy girls watch the fun
On the bridge drunken tourists laugh and play
The music and songs continue all night

People were everywhere. Some were dressed as ghosts, others as elephants. Many were dancing and singing.

Tangseng and the others came to the bridge. They saw three huge lanterns with bases the size of large barrels. Surrounding the lanterns were towers made of colored glass. Tangseng asked, "What kind of oil do you burn in these lanterns?"

One of the monks replied, "Great teacher, in our district there are many families. Each year we select 240 families to be 'oil families.' They must make a special oil. Each barrel holds 500 catties of oil, so together 1,500 catties of oil are needed to fill the three barrels. It costs 48,000 taels of silver every year to fill all three barrels."

Sun Wukong asked, "But how can you burn so much oil in just one night?"

"Each lantern has forty nine wicks. Each wick is as thick as a chicken egg. We light the lanterns, and sometime during the night the Lord Buddhas appear. The oil disappears and the lights go out."

Zhu smiled and said, "Ah, I suppose the Buddhas take all the oil."

"That's right. It has been this way since ancient times." Just then, they heard a howling wind in the sky. All the people ran from the bridge. The monks also ran, shouting, "Great teacher, we need to leave now. The wind has arrived. The Lord Buddhas are coming!"

Tangseng did not move. He said, "This poor monk chants the

name of Buddha and worships Buddha. If there are Buddhas coming here now, I will pray to them."

The monks all ran away. Tangseng looked up and saw three Buddhas flying down from the sky. He ran to the top of the bridge and kowtowed to them. Sun Wukong ran up to him and shouted, "Master, these are not Buddhas, they are evil!" But it was too late. The lamps all went dark and the Tang monk was swept away by the wind.

The three disciples looked everywhere and shouted for Tangseng. The monks asked, "What happened?"

Sun Wukong laughed and replied, "You all have eyes but you cannot see. For years you have been tricked by these three monsters. You thought they were true Buddhas coming to enjoy the oil from the lamps, but they are monsters. Because I was too slow in coming up onto the bridge, they were able to grab my master and take him away. Now I will find him!"

The monkey king quickly jumped up and smelled the air. Smelling a foul odor coming from the northeast, he used his cloud somersault to fly quickly towards the smell. Soon he arrived at a huge mountain, ten thousand feet high. He heard tigers and leopards, he saw deer, and he heard a river flowing swiftly down the mountainside. He looked around but did not see any monsters. But then he saw four men with goats. Looking more closely, he saw that they were the Four Sentinels of Time: Year, Month, Day and Hour.

Quickly he whipped out his Golden Hoop Rod and shouted, "Where do you four think you are going?"

The Four Sentinels quickly replied, "Great Sage, please forgive us. Your master has become a little bit lazy recently. He spent a long time eating and resting in the Mercy Cloud Temple. This has weakened his spirit and allowed the monsters to capture him. We were afraid that you would not know where to find him, so we came here to help you."

"If you wanted to help me, what's with the goats?"

"We brought these three goats to remind you of the old saying, 'With three *yang* begins prosperity. ' This should help your master."

Sun Wukong put away his rod and asked, "Is this where the monsters live?"

"Yes. The three monsters are named Great King Cold Avoider, Great King Heat Avoider, and Great King Dust Avoider. They have lived here at Green Dragon Mountain for a thousand years. They learned how to make themselves look like Buddhas and trick the people of this region into giving them the special oil. This year they saw your master and knew that eating his flesh would give them immortality. So they plan to kill and eat him soon."

Sun Wukong told the Four Sentinels that they could go. Then he looked around and found the monsters' cave. Its entrance was a stone building with a pair of stone doors. The doors were open. Sun Wukong stuck his head inside and shouted, "Give me my master at once, you monsters."

Several bull headed demons came out and shouted at him, "Who are you to yell at us?"

"I am the senior disciple of the Tang monk. We were looking at lanterns when your demon kings carried him off. Now give him back to me. If you don't, I will turn your cave upside down and kill you all."

The bull demons ran inside and told the three demon kings what had just happened. One of the demon kings said, "We've just caught this monk, we haven't even had time to ask him his name and where he is from. Little ones, bring him here so we can question him."

The bull demons grabbed Tangseng and dragged him in front of the demon kings. One of the demon kings said, "Where are you from, and why did you run towards us instead of running away like everyone else?"

Tangseng replied, "Your Majesties, I have been sent by the great Tang Emperor to worship the Lord Buddha and fetch holy scriptures from Thunderclap Monastery. My birth name is Chen Xuanzang. I was given the name Sanzang because there are three rooms full of holy scriptures that I must bring back. But now people simply call me Tangseng. Last night on the bridge I saw Your Majesties coming down from the clouds, and I kowtowed to you because I thought you were real Buddhas."

"Who is traveling to the west with you?"

"I have three disciples. The eldest is called Sun Wukong, he is also called Great Sage Equal to Heaven."

The demon kings were surprised by this. "Is this the Great Sage who made so much trouble in heaven five hundred years ago?"

"Yes, yes. My second disciple is Zhu Bajie, formerly the Marshal of Heavenly Reeds. And my third disciple is Sha Wujing, the Curtain Raising Captain."

The demon kings told their little demons to lock up Tangseng with heavy iron chains. Then they gathered a large army of bull demons and went outside to do battle. Sun Wukong stood behind a large rock and looked at them. Each demon king was very large, with two horns and four pointed ears. Behind them were hundreds of bull demons, tall and short, fat and thin, old and young. They all were holding weapons. Above them were three large banners reading Great King Cold Avoider, Great King Heat Avoider, and Great King Dust Avoider.

Sun Wukong stepped forward and shouted, "You lawless thieves! Don't you recognize Old Monkey?"

One of them replied, "So you are the one who caused trouble in heaven, eh? We know your name but not your face. Now we see that you are just a little monkey."

"You oil stealing thieves! Stop talking and return my master now!"

The monsters came at him with their weapons: an ax, a sword and a cane. The monkey king fought to save his master's life, the three monsters fought for a taste of the monk's flesh and immortality. They fought all day, over a hundred and fifty rounds. Finally the monsters surrounded Sun Wukong, He used his cloud somersault to escape back to Mercy Cloud Temple.

"Brothers!" he said to Zhu and Sha. "After our master was taken, I followed the bad smell of the wind. I met the Four Sentinels of Time. Then I found a cave, and inside the cave were three monster kings and a large number of bull demons. The three monsters have been stealing oil from the city for years, pretending to be Buddhas. I fought all of them for an entire day but I could not win the battle, so I used my cloud somersault to come back here."

The monks from the temple arrived and offered dinner to the three disciples. "I don't need to eat anything," said Sun Wukong. "I once went five hundred years without any food or drink." The monks thought he was joking. They brought food, and the three disciples ate dinner. Sun Wukong said, "Let's get some sleep, we can fight the monsters tomorrow."

But Sha said, "What are you saying, elder brother? If the monsters cooked and ate our master tonight, what would we do then? Better to go back now and save him."

Zhu and Sun Wukong both agreed. So they told the monks to guard their horse and luggage. Sun Wukong said, "We will capture these false Buddhas and bring them back here. Then the people will not have to produce all that oil. Wouldn't that be nice?"

Chapter 92

Sun Wukong, Zhu and Sha flew back to the cave at Green Dragon Mountain to find the three monsters. Zhu lifted his rake and was getting ready to smash the stone gates. But Sun Wukong said, "Wait, brother. Let's find out first whether Master is alive or not."

"But the gates are locked," replied Zhu. "How can we get in?"

"With magic, of course!" The monkey said a few magic words and changed into a little firefly. He flew inside the cave. Looking around, he saw many large bull demons asleep all over the floor. The sound of their snoring filled the air. Flying deeper into the cave, he heard the sound of crying. There he found Tangseng tied to a pillar. He was saying,

> "Since leaving Chang'an over ten years ago
> I have crossed thousands of mountains and rivers
> Happy to find a lantern festival
> I climbed the Golden Lantern bridge
> I could not tell true from false
> So once again I must suffer
> I hope my disciples come soon
> I hope their great powers will save me!"

Looking up, he saw the firefly. He said, "What is this? It's only the first month but already there are fireflies!"

The firefly said, "Master, I am here! You could not tell true from false. You did not listen to me, and you let these monsters take you away. I am here now with Zhu and Sha. All the monsters are asleep. Let's get out of here."

Sun Wukong changed back to his original form. He used magic to open the lock, freeing Tangseng. They started to walk out of the cave. But just then, one of the monster kings said to a bull demon, "Little ones, why is nobody on patrol tonight?" Of course, all the monsters were exhausted from fighting all day. When the monster king said this, a few of them got up and walked to the back of the cave to look at the Tang monk. They ran right into master and disciple.

One of the bull demons said, "My good monk, you have escaped from the chains, but where are you going now?"

Sun Wukong whipped out his golden hoop rod and killed two little bull demons. The rest ran back and banged on the door to the monster kings' bedroom, shouting, "It's bad! It's bad! The hairy ape has killed two of us!"

Sun Wukong called his two brothers, and the three of them fought against the monsters. But they had to leave Tangseng in order to fight. The monster kings captured Tangseng again and chained him up again. One of them said, "So, your little friends came into our cave to get you, eh? Well now we are awake and we won't let you escape!"

The monster kings turned to fight against the three disciples. The battle lasted for a long time but neither side could win. Finally, Great King Cold Avoider called for the bull demons to come and help him. They all rushed up to Zhu and fought him. Zhu fell to the ground, surrounded by bull demons. They dragged Zhu inside the cave and tied him up. Then they all ran towards Sha, surrounding and hitting him. Sha also fell to the ground and was tied up by the bull demons. Sun Wukong knew he could not win by himself against so many demons, so he flew away.

He returned to Mercy Cloud Temple. The monks there asked him if he had rescued Tangseng. "No," he replied, "there are quite a few monsters there and they are very powerful. I think my master is safe, because he is receiving help from the Six Gods of Light, the Six Gods of Darkness, and the Guardians of the Five Quarters. But still, I will need some help. I must go up to heaven. You all stay here and keep an eye on the horse and luggage."

Quickly he flew up to the western gate of Heaven. There he ran into Gold Star Venus and some other immortals. Gold Star greeted him and asked him where he was going.

Sun Wukong replied, "I have traveled with my master to the eastern regions of India. We were staying at Mercy Cloud Temple and were enjoying the lantern festival. We went to Golden Lantern Bridge where three huge lanterns were burning a special oil. The people of that city thought that the oil was their gift to the Buddha every year, but three monster spirits have been taking the form of Buddhas every year and stealing the oil for themselves. My master did not understand this. He bowed to the false Buddhas. The false Buddhas captured him and brought him back to their cave on Green Dragon Mountain. I tried fighting these monsters, but they are too powerful for me. Now I have come to ask the Jade Emperor to help me understand who they are, and make them submit."

Gold Star smiled and said, "I know these monsters. They are rhinoceros spirits. Their forms can be seen in heaven, and they have studied the Way for many years so they now have vast magical powers. They can fly in the clouds and walk on the fog. They have magic in their horns. If you want to capture them, you must get help from the Four Wood Bird Stars."

"How can I find these Four Wood Bird Stars?"

"They are in the sky, just outside of the Bull Fighting Palace. If you want to know more, go ask the Jade Emperor."

Sun Wukong thanked him, then he went inside the gate and flew to the Hall of Perfect Light. There he explained his situation to the Four Celestial Masters. They allowed him into the Hall of Divine Mists to see the Jade Emperor.

The Emperor listened while Sun Wukong told him the story. He was about to order some heavenly warriors to take care of the problem, but Sun Wukong said, "Just now, Gold Star of Venus told me that these monsters are rhinoceros spirits. He said that only the Four Wood Bird Stars can subdue them." The Jade Emperor agreed, and sent someone to give instructions to the four stars. They were Horn Wood Dragon, Dipper the Wood Unicorn, Strider Wood Wolf, and Well Wood Hound.

When Sun Wukong saw them, he laughed and said, "Oh, it's you four! If I'd known that I should see the four woods of the twenty eight constellations, I would have come to see you directly, without needing to ask the Emperor!"

"How can you say that?" they replied. "We cannot do anything unless the Emperor decrees. Now, what do you want from us?"

"There are some rhinoceros spirits living in a cave on Green Dragon Mountain."

Dipper the Wood Unicorn said, "You don't need all of us for this. Just ask Well Wood Hound, he is very powerful. He can climb mountains to eat tigers, and he can go under the ocean to catch rhinos."

"No!" said Sun Wukong. "You don't understand, these rhinos have mastered the Way through centuries of study. They are extremely powerful. I need all four of you."

And so Sun Wukong and the four Wood Stars went down to the cave on Green Dragon Mountain. The bull demons had put wooden planks across the cave entrance, since the stone gates were broken. Sun Wukong shouted for the monster kings to come out. A short time later, all three monster kings came out in full armor. They were accompanied by a large herd of bull demons, all holding knives and spears, waving banners and beating war drums. The monster kings told the bull demons to spread out and encircle Sun Wukong. But suddenly, all four Wood Stars ran forward with their weapons and shouted, "Evil beasts, don't move!"

"Oh, no!" shouted the monster kings. "This is bad! Little ones, run for your lives!" All the bull demons changed back to their original forms. They were mountain buffalo, water buffalo and yellow buffalo. All were madly running all around the mountain. The three monster kings also returned to their true forms. They dropped their weapons, their hands became front legs, and their bodies turned into large rhinoceros bodies. With legs pounding the ground like thunder they ran towards the northeast, chased by Sun Wukong and two of the Wood Stars, Well and Horn. The other two Wood Stars, Dipper and Strider, ran to the cave and freed Tangseng, Zhu and Sha.

Tangseng bowed to Dipper and Strider and thanked them. He said, "But where is my disciple Wukong?" The Wood Stars explained that he was chasing the monster kings. Tangseng touched his forehead to the ground, then prostrated himself.

161

"Enough of this," said Zhu. "There's no need for you to keep bowing. These stars are just following the Emperor's commands. Now, let's destroy this cave. Then we can return to the temple and wait for Elder Brother."

Dipper and Strider agreed, and they left to help Sun Wukong and the other two stars. Zhu and Sha removed all the gold and jewels from the cave, then they started a fire that burned everything in the cave to ashes.

> Disaster comes at the height of success
> One should meet evil with joy
> For love of lanterns the Dharma was disturbed
> The monk's heart was weakened by the lovely glow
> Always guard the great way of alchemy
> Lose it and you will lose your way
> Keep a tight grip, don't let it go
> A moment's laziness will bring disaster

Dipper and Strider caught up with Sun Wukong and explained how they had rescued Tangseng, Zhu and Sha. "Thanks!" said Sun Wukong. "The three monster kings have jumped into the ocean. Well and Horn jumped in after them, but they told me to stay here and guard the shore. Now that you're here, though, I will go into the ocean to help them."

Sun Wukong grabbed his rod. He made a magic sign with his fingers to divide the waters. Then he flew down to the bottom of the ocean. He found the three monster kings battling with Well and Horn. When the monster kings saw that Sun Wukong had joined the battle, they turned and ran for their lives, with Sun Wukong, Well and Horn close behind.

As they all rushed through the ocean, they passed a couple of yakshas who were out on patrol. The yakshas swam quickly back to their boss, Aoshun the Dragon King of the Western

Ocean. They told Aoshun that three rhinos were being chased by Sun Wukong and two constellations. Aoshun immediately knew that he needed to help Sun Wukong. He ordered his soldiers to rush out of the palace and help. They formed up in front of the three monster kings, blocking them. The monster kings were trapped. Each one went off in a different direction.

One of the monster kings, Dust Avoider, was quickly surrounded by the dragon king and his soldiers. Sun Wukong shouted, "Don't kill him, we want him alive!" The soldiers tied him up and put an iron hook through his nose.

Heat Avoider was also captured. But Cold Avoider was not so lucky. By the time Sun Wukong reached him, the soldiers had already captured and killed him. They dragged the dead rhino back to the palace. Sun Wukong told the soldiers to cut off the horns and skin, but to give the meat to the dragon king.

Then they returned to the Gold Level Prefecture. Horn led Dust Avoider by a rope through his nose. Well led Heat Avoider the same way. They were joined by the other two Wood Stars, Strider and Dipper.

When they came close to Gold Level Prefecture, Sun Wukong shouted from the clouds, "All people of this region, hear me! We are monks sent by the great Tang to seek scriptures in the western heaven. We have learned the truth about the creatures who pretended to be Buddhas and took your special oil. They are actually rhino spirits. These spirits stole your lantern oil and abducted my master. The gods of heaven have helped us to subdue these rhino spirits. From now on, there is no need for you to make this special and expensive oil."

After this, Sun Wukong and the Wood Stars came down to the ground and brought the two living and one dead rhino spirits to the home of the prefect. They were joined by Zhu and Sha, and by Tangseng, who was carried on a sedan chair by some of the local monks. Sun Wukong told everyone the story about his visit to heaven, the decree by the Jade Emperor, the help provided by the Four Wood Stars, and the great final battle under the ocean.

As Sun Wukong told the story, Zhu became more and more angry. Finally he grabbed a large knife and cut off the heads of Heat Avoider and Dust Avoider.

Sun Wukong said, "Let the four Wood Stars cut off the horns of these two rhinos and give them to the Jade Emperor with our thanks. As for the horns of the third rhino, we will give one horn to the people of Gold Level Prefecture to remind you in future years of what happened here. And we will take one with us, to give to the Buddha when we arrive on Spirit Mountain."

The four travelers though that they were finished at Gold Level Prefecture. But the prefect would not let them leave yet. First, he held a great vegetarian feast. Then he issued a decree that there would be no Lantern Festival the following year, and that no family would need to give any more special oil for future festivals. He also decreed that the meat from the dead rhinos be distributed to all the people. And he decreed that a temple be built so that the people would always remember the victory of the four Wood Stars over the rhino monsters.

Each of the 240 oil lamp families was very grateful and wanted to give the travelers a feast at their homes, one every night for 240 days. So every night they ate at a different home, and every night Zhu took a couple of jewels from his sleeve and gave them to the family. After a month of this, Tangseng had enough. He told Sun Wukong to give the rest of the jewels to the temple, and he told his disciples that they would be leaving the next morning before dawn. He said, "I'm afraid that if we stay too long here enjoying ourselves, the Buddha might become angry and we will run into more troubles."

The next morning Tangseng was awake by the fifth watch. He told Zhu to get the horse ready. Zhu was unhappy about this, saying, "Why are we leaving? All 240 families want to give us meals, but we have only eaten at thirty of them so far."

Tangseng snapped, "You fat coolie, stop crying. If you keep complaining I will ask Wukong to knock out your teeth with his golden hooped rod!"

Zhu blinked in surprise when he heard these angry words. Then he picked up the luggage. Sha also finished his work. And so, before the sun rose in the sky, the four travelers left Gold Level Prefecture. They were

> Letting the phoenix escape from the jade cage
> Opening the locks to let the dragon go free

Chapter 93

Tangseng and his three disciples left Gold Level Prefecture and walked for about half a month. One day they came to another tall mountain. Tangseng said that they must be careful, but Sun Wukong just laughed and said, "We are so close to the land of the Buddha. There cannot be any monsters or demons here!"

"That's true," said Tangseng, "but remember what the monks told us at Gold Level Prefecture. They said that the capital of India is still two thousand miles away. I wonder how far we have traveled?"

"Master, have you forgotten again the Heart Sutra taught to you by the Chan master?"

"Of course not. The Heart Sutra is like my cassock or my alms bowl, it is always with me. I could say it backwards."

"You know how to say it, but do you know what it means?"

"You stupid ape head, of course I know what it means. Do you?"

"Yes, I do."

The two of them were silent for a long time. Zhu thought this was all very funny. He said, "We three disciples all started off as monster spirits. We are not dharma monks, we have never heard the sutras explained by Buddhist monks. I think Old Monkey is just telling us a tall tale."

But Tangseng said to Zhu, "Wukong understands the language that has no words. That is true wisdom."

By this time they had passed by the tall mountain. They came to a monastery. It was not too big, not too small. The roof was green and it was surrounded by a red brick wall. On the gates was a large sign saying, "Gold Spreading Monastery."

Tangseng said, "That's interesting. There is an old story about Jetavana Park in the city of Sravasti. A man named Sudatta wanted to buy it from Prince Jeta so that the Buddha could use it for giving lectures. But the prince said that the park was not for sale. When Sudatta asked him again, the prince said, 'The only way you can buy this park is if you cover the whole thing with gold.' So Sudatta covered the entire park with gold bricks. The prince sold him the park, and Sudatta invited the Buddha to come and teach there."

They entered the monastery. A monk met them and said, "Master, where do you come from?"

"This poor monk is Chen Xuanzang, sent by the great Tang emperor to worship Buddha in the western heaven and bring back scriptures. We were just passing your treasure monastery, and were hoping we could stay here for one night."

The monk agreed, and invited them to come inside for tea and a vegetarian meal. They all sat down. Tangseng began to say a prayer, but Zhu immediately started pushing food into his mouth. Sha said quietly to him, "Second elder brother, remember that there are many gentlemen in the world, but they all have bellies just like us." Zhu thought about this and stopped eating.

Tangseng asked the monk whether this was indeed the famous Jetavana Park. "Yes," the monk replied, "this used to be Jetavana. But after Sudatta covered it with gold and bought it, the name was changed to Gold Spreading Monastery. Even now, after a heavy rain, we sometimes will find small bits of gold on the ground."

"And why are there so many travelers here? When we came through the gates we saw many horses and carts."

"Our mountain is called Hundred Legs Mountain. It used to be quite safe. But recently there have been some centipede spirits on the mountain. They have attacked people on the roads. Nobody has been killed, but people are afraid to travel at night. So when evening falls, the merchants stay here overnight. They leave when the cock crows in the morning."

"We will do the same," said Tangseng.

Later, Tangseng and Sun Wukong went for a walk in the moonlight. An old monk holding a bamboo staff came up to Tangseng and asked, "Is this the master who came from China?"

"I dare not accept that honor," Tangseng replied.

"What is the master's age?"

"I have passed forty five years in vain. And you?"

"I have foolishly spent sixty years more than the master."

Sun Wukong said, "So, you are a hundred and five. How old do you think I am?"

"My eyes do not see well in the moonlight, it's hard for me to tell your age."

They walked in comfortable silence for a while. They went out through the rear gate and came to a terrace. Suddenly Tangseng heard the sound of someone crying. "Who is that?" he asked.

The elderly monk replied, "On this day a year ago, this poor monk was meditating on the relationship between ourselves and the moon. I heard a sound. Looking around, I saw a lovely young girl. I asked her who she was. She told me, 'I am the daughter of the King of India. I was blown here by a strong wind.' Immediately I thought she must be a monster of some kind, so I had her locked in an empty room. I had the door covered with bricks to make it like a prison, with just a small hole through which one could pass a rice bowl. The girl was afraid that the other monks would try to have sex with her. So during the day she pretends to be crazy, lying in her own shit and piss and saying nonsense words. But at night she cries and calls out quietly for her parents. I don't know what to do with her. But now that the great master has come here, I hope you can shed some light on this matter."

Tangseng and Sun Wukong returned to their room and went to sleep. In the morning, all four travelers prepared to leave when the cock crowed. As they were leaving, the old monk said to them, "Don't forget that matter about the weeping girl!"

"Of course not," said Sun Wukong. "When I get to the city I will find out the truth." They left the monastery along with a large group of merchants. They climbed up the mountain pass, and in late morning they saw the walls of the city. Coming down the other side of the mountain, the merchants all went to their own hotels and inns. Tangseng and the disciples came to the Hostel of Meetings. Tangseng greeted the manager there, and asked if he could stay at the Hostel of Meetings while he got his travel rescript certified.

The manager agreed, and offered the travelers a room and a vegetarian meal. Tangseng could see that the manager was very afraid of the three disciples, so he said, "Please don't be afraid. These are my disciples. They may look ugly but they all have good hearts. As the saying goes, 'An ugly face, a kind person.' Tell me sir, what is the age of your treasure country?"

"This is the Great Kingdom of India. It is five hundred years old. Our king is a man who loves mountains and streams, flowers and plants. His name is Emperor Yizong and he has ruled for twenty eight years."

"Do you think this poor monk can see your great king today, to get our travel rescript certified?"

"Yes, this is a very good day. Our princess, the king's daughter, recently had her twentieth birthday. Today she will throw down an embroidered ball to find out who heaven has chosen to be her husband. I believe the king's court is still open. You should go now."

Tangseng invited Sun Wukong to come with him to see the king. He said, "The people here are very much the same as the people of Great Tang. And I have heard the story of my mother, who met her husband by throwing down an embroidered ball. It hit him on the head, and they were married that same day."

"We should go and see this," said Sun Wukong.

"No, we are not wearing the proper clothing."

"But master, have you forgotten the words of the old monk at Gold Spreading Monastery? We need to tell truth from lies. If we go, we can get a good look at this princess."

Tangseng agreed to go. But he did not know that they were like a fisherman who tries to catch a fish but ends up catching big trouble! He did not know that a year earlier the king had gone with the queen and princess into the palace garden to enjoy the moonlight. When nobody was looking, a monster removed the princess and sent her far away. Then the monster took the form of the princess. The monster knew that the Tang monk would be coming a year later, so she asked her father to arrange the throwing of the embroidered ball for this very night. She wanted to mate with the Tang monk, absorb his *yang* energy, and become immortal.

Well, you can guess what happened next. Just after noon, Tangseng and Sun Wukong approached the tower. The false princess saw them and quickly threw the embroidered ball at Tangseng. It hit him on the head, knocking off his hat. Tangseng tried to grab the ball but it rolled inside one of the sleeves of his robe.

"It hit a monk! It hit a monk!" shouted the people on the tower. Everyone ran towards Tangseng. Sun Wukong roared and stretched his body until he was thirty feet tall. The people ran away. Sun Wukong returned to his normal size.

"What do I do now?" cried Tangseng.

"Relax, Master. Go inside and meet with the king. I will return to the Hostel of Meetings. If the princess does not want to marry you, then just get the travel rescript certified and we will leave. But if she does want you, then tell the king that you must give some instructions to your disciples. Then we will come to the court, and I will be able to tell truth from lies."

Tangseng agreed to this. Then he walked to the tower, surrounded by the palace maidens. The princess came down from the tower. She led him to the imperial chariot, and they rode together to the palace. The king was not happy when he heard that the princess's ball had hit a monk. But he invited them both to come into the Hall of Golden Chimes. He asked Tangseng, "Where did you come from, and how did it happen that you were hit by our daughter's ball?"

Tangseng prostrated on the floor. He said, "This poor monk was sent by the great Tang Emperor to worship Buddha and seek holy scriptures. I came here simply to have our travel rescript certified. My path took me under the tower. I never expected to be hit by your daughter's ball! This poor monk has left the family and follows a strange religion. I could not possibly become your daughter's husband. I beg you, please pardon me for being so stupid and send me off quickly to Spirit Mountain."

The king replied, "The ancients say, 'A thread can bring together lovers across a thousand miles.' This is a very auspicious year, month, day and hour for finding a husband or wife. We are not pleased that she hit a monk with her ball, but we do not know how the princess herself feels."

"Father King," she said, kowtowing to him, "you know the old saying,

> If you marry a chicken, you follow a chicken
> If you marry a dog, you follow a dog

I made a vow to heaven and earth that I would marry the man that is struck by my ball. Do I dare to break that vow? I will take him as the royal son in law."

Now the king smiled. He told the court astronomer to select the best day for the wedding. But just as he was preparing to announce the wedding to everyone in the kingdom, Tangseng just said, "Release me, oh king!"

The king growled, "What, you don't want to become the royal son in law? You would rather persist in seeking your scriptures? Well, if you don't want to marry our daughter, you will lose your head!"

Tangseng was shaking. He replied, "I thank Your Majesty for his kindness. But please, I need to give instructions to my three disciples. They are waiting for me at the Hostel of Meetings." The king sent some of his officials to fetch the disciples.

Meanwhile, Sun Wukong had returned to the Hostel of Meetings. He was laughing and telling Zhu and Sha about what happened with the embroidered ball. Zhu stamped his feet and shouted, "I knew that I should have gone there instead of you! If you hadn't stopped me, I would have gone to the tower and the ball would have landed on my head. The princess would have had to marry me. We would play all day and all night, what fun!"

Sha rubbed Zhu's face and said, "What a mouth you have! It's like, 'With three coins you buy an old horse, then tell everyone how you can ride it.' Who would want a disaster like you for a husband or a son in law?"

The two of them argued for a while, until a minister arrived and said, "His Majesty wants the three of you to come to the palace right away. The old monk was lucky and was struck by the princess's embroidered ball, and will become the new royal son in law."

Sun Wukong said, "All right, let's go."

Chapter 94

Sun Wukong, Zhu and Sha followed the minister into the palace. They walked into the throne room. They did not bow to the king. The king asked them, "What are your names? Where do you live? Why did you become monks? What scriptures do you seek?"

Sun Wukong stepped towards the throne. Several guardians moved in between him and the king. Tangseng was standing to one side of the king. He said to Sun Wukong, "Disciple, His Majesty is asking you some questions. Please reply properly to him."

Sun Wukong became angry. He shouted at the king, "Your Majesty, you want us to treat you with respect, but you do not respect others. If you want our master as your son in law, why do you make him stand? Why is he not allowed to sit down?"

The king became frightened. Hiding his fear, he asked his attendants to bring out a comfortable cushion for the Tang monk to sit on. Once this was done, Sun Wukong answered the king, saying,

"This old monkey's home is Water Curtain Cave
on Flower Fruit Mountain in the kingdom of Aolai
My father was heaven, my mother was earth
I was born when a rock broke apart
A Daoist master taught me the Way
I defeated dragons in the ocean
I captured wild animals in the mountains
I removed our names from the Book of Life and Death
I went to heaven and lived there happy every day
But then I caused trouble in heaven
The Lord Buddha placed me under a mountain
For five hundred years I ate no food, drank no tea

Then my master came and set me free
I am now a student of the Buddha
My name is Sun Wukong!"

The king nodded his head, then turned to Zhu and waited for
him to speak. Zhu said,

"In my previous lives old Pig was a slave to pleasure
My life was in chaos, my mind was confused
One day I met an Immortal who changed my life
I became his student and studied the Way
The Jade Emperor made me Marshal of Heavenly Reeds
Leading his troops on heaven's river
But I became drunk at a festival and tried to play with
Chang'e
The Emperor sent me down to earth
Through a mistake, I was born to a pig instead of a woman
I became a pig demon and did much evil
Thanks to Guanyin I became a Buddhist
Now I protect the Tang monk
My name is Zhu Bajie!"

Then Zhu laughed loudly and flapped his big ears at the king.
Tangseng said, "Bajie, control yourself!" Zhu put his hands
together and stood quietly. The king looked at Sha, who said,

"Old Sand was once an ordinary man
Fear of death made me seek the Way
I walked the clouds and wandered the shores of heaven
I met some immortals
I raised the baby boy to mate with the lovely girl
I flew above the sky into the dark void of heaven
I was named the Curtain Raising Captain
But at a festival I dropped and broke a treasure cup
I was sent down earth to live as a monster
I ate travelers who entered my home in Flowing Sand

174

River
Bodhisattva Guanyin saved me and told me to wait for the
Tang monk
I became his disciple and started a new life
My name is Sha Wujing!"

Listening to these three stories, the king was happy to hear that
his daughter was to marry a living Buddha, but he was terrified
that the man's disciples were such powerful monsters. While
he was thinking about this, the royal astronomer entered and
told the king that the most auspicious day for the wedding was
the twelfth day of the month, four days in the future. The king
commanded that a building be prepared for the Tang monk
and his three disciples. Then he discussed wedding
preparations. Finally he left the throne room, and the four
travelers walked into the garden to have some dinner.

Tangseng shouted at Sun Wukong, "You wretched ape! I told
you all I wanted was to get our travel rescript certified. And I
told you not to go near that tower. Why did you take me
there?"

Sun Wukong replied, "Master, you were telling me about your
mother who met her husband in that same way. I thought you
were longing for the past. Also, I was thinking about the words
of the abbot from Gold Spreading Monastery. I wanted to get
a good look at the princess. Just now I thought the king looked
a little bit evil. But I don't know about the daughter yet."

"What will you do if you see her?"

"My diamond eyes can tell truth from lies, and good from evil.
So let's just wait until the wedding day, I will be able to get a
good look at her then."

"Oh stop talking, you evil ape. Our journey is almost finished,
but still you try to stab me with your poisonous tongue. The

next time you cause trouble, I will recite the Tight Headband Spell."

"Please don't do that! If we find out that she is a real princess, I promise to cause chaos, and get you out of there."

Zhu said, "Master, it's late. Let's discuss things tomorrow. It's time to go to sleep." Tangseng agreed, and they stopped arguing and went to sleep.

The next morning, the king sat on his throne and ordered his ministers to take the three disciples back to the hostel to enjoy a vegetarian breakfast. Then he ordered musicians to play at the hostel for the disciples, and also in the imperial garden for the Tang monk. But Zhu flapped big his ears and said, "Your Majesty, we have never been apart from our master. We want to be with him today. Otherwise, you will not be able to have the wedding."

The king was frightened by Zhu's words and his appearance, so he agreed. He ordered two tables to be set up in the garden for the king and Tangseng, three tables nearby for the three disciples, plus more tables for the queen, the princess, and her servants. They all enjoyed a walk through the garden, followed by a delicious vegetarian feast. Tangseng smiled and appeared to enjoy himself, but he did not let anyone see how worried he was.

Tangseng noticed four large screens hanging on the walls. Each screen had a poem written by a famous scholar. There was one poem for spring, one for summer, one for autumn, and one for winter. The first line of the first poem was "The great wheel of nature has made its turn." Tangseng studied the poems carefully.

The king saw Tangseng looking at the screens. He said, "I see the royal son in law enjoys poetry. Perhaps you could give us a reply to each poem, using the same rhymes?"

Tangseng's mind was full of these beautiful poems. Without thinking, he said, "The sun melts the ice as the great wheel turns."

The king was delighted to hear this. "Please, tell us more!" and ordered that brush and ink be given to Tangseng. Tangseng took the brush. Without hesitating he wrote replies to each of the four poems, using the same rhymes as the originals.

The king read Tangseng's poems and said, "This is really quite good!" He ordered the court's musicians to set the poems to music. In this way, the king and the monk spent the entire day.

They spent the next three days enjoying themselves, and finally the auspicious twelfth day of the month arrived. The king's officials told him that the wedding banquet was ready. Five hundred tables were set up for the guests. Another official came in and said, "Your Majesty, the queen and princess wish to meet with you."

The king went to the ladies' quarters and greeted the queen and princess. The princess kowtowed to him and said, "Your Majesty, my father, please forgive me for asking you this favor. I have been told that the Tang monk has three very ugly disciples. Because of my poor health, I am afraid that seeing them would terrify me and lead to disaster. Please keep them away from the wedding."

The king said, "Of course, dear daughter. We will certify their rescript this morning, and command the disciples to leave the city at once." The king returned to the throne room and commanded Tangseng and the three disciples to come and see him.

Tangseng was just saying to Sun Wukong, "It is now the

twelfth day. What do we do now?"

Sun Wukong replied, "I really need to see the princess. But I expect that today the king will order the three of us to leave the city. Don't worry. I will come right back in secret, and I'll protect you." And a few minutes later, an official arrived to bring the three disciples to see the king.

When they arrived at the throne room, the king said, "Give us your travel rescript. We will sign it. We will also give you some money to help you get to Spirit Mountain. Our son in law will remain here. Don't worry about him."

Sha handed the travel rescript to the king. The king signed it and handed it back. Then he gave the pilgrims ten bars of yellow gold and twenty bars of white gold as wedding gifts. Sun Wukong thanked the king. The three of them turned to leave. Tangseng ran over to Sun Wukong and grabbed him, saying, "Are you leaving me here?"

Sun Wukong winked at him and said, "Relax, master, and enjoy your wedding and your new wife. We will see you after we have acquired the scriptures." Tangseng held onto the monkey for a minute, then let him go.

The three disciples walked back to the Hostel of Meetings. Sun Wukong said, "You two stay here, don't talk to anyone. I am going back to protect Master." Then he pulled a hair from his arm, blew on it and whispered, "Change!" It changed into a form of himself which stayed with Zhu and Sha. His true self jumped into the air and changed into a little yellow bee. He flew back towards the palace. He saw Tangseng sitting by himself in the garden, looking quite sad. He landed on Tangseng's hat and whispered, "Don't worry, Master, I am here."

This made Tangseng feel much better. A little while later, an official came and told him that the wedding banquet was ready, and the princess was waiting for him. The king came up to him, and he led Tangseng inside the palace.

Chapter 95

Tangseng followed the king into the inner palace, with Sun Wukong hiding on his hat. They heard flutes and drums. They saw two rows of beautiful young women wearing colorful clothing, so the place looked like a garden of flowers. The women were beautiful, but Sun Wukong saw that his master was unmoved by their beauty. "Marvelous monk!" he thought, "Walking through such beauty, his heart is not moved and his mind is not confused."

Soon the princess and the queen walked towards them, surrounded by the concubines. They all shouted, "Long live Your Majesty! Long live Your Majesty!" Sun Wukong looked carefully at the princess. He saw a little bit of demon cloud floating above her head. He whispered to Tangseng, "Master, that princess is fake."

Tangseng whispered back, "If she is not the true princess, how can we make her show her true form?"

"I will show her my magic body."

"No! That would frighten the king. Better to wait until the king and queen have left the room."

But the old monkey could not stop himself. He roared and changed back to his original form. Running forward, he grabbed the princess and shouted, "You damned beast! It's bad enough that you are here, enjoying life in the palace instead of the true princess. But why do you want to trick my master and steal his true *yang*?"

There was chaos in the palace. The king was frozen with fear. The queen and concubines fell to the ground in every direction. Palace workers ran around crazy with fear. Only the fake princess was unafraid. She freed herself from Sun Wukong's hands. She ripped off all her clothes and jewels. She ran to a nearby shrine and grabbed a short heavy club. Turning, she smashed the club at Sun Wukong. He quickly blocked it with his rod. Shouting at each other, the two of them rose up into the sky and fought in the clouds and fog.

What a battle!

> The golden hoop rod is famous
> The club is unknown to all
> The monk has come seeking true scriptures
> The demon has come for love of strange flowers
> She has heard of the Tang monk, she longs for his powerful *yang*
> A year earlier she took the true princess's form
> Now the Great Sage knows the truth
> The club does its work, hitting the head
> The rod does its work, hitting the face
> Loudly the two of them fight in the sky
> As fog and cloud hide the sun

Down on the ground, Tangseng reached out and took the frightened king's hands. He said, "Your Majesty, please don't be afraid! That woman is actually a demon who has taken on the form of your daughter. When my disciple captures her, you will understand." The king calmed down a bit. Together, they watched the battle in the sky.

In the sky, the monkey and the monster fought for half a day. Then Sun Wukong threw his rod into the air and shouted,

"Change!" One rod became ten; ten became a hundred; a hundred became many thousands. Like a cloud of snakes the rods attacked the monster. She changed into a clear breeze and flew up towards heaven. Sun Wukong collected the rods back into one and followed her.

They both came to the western gate of heaven. He shouted, "Block that monster, don't let her escape!" The four Grand Marshals blocked her path, each holding his weapon. The monster turned around and began fighting Sun Wukong again.

As they fought, Sun Wukong looked at the monster's weapon. He asked, "Cursed beast, what sort of weapon is that? Tell me now or I will smash your head!"

"So," she replied, "you don't know about my weapon?

This is a piece of mutton fat jade
Cut and polished for thousands of years
It was mine when the chaos was first parted
It was mine when the world began
It stayed with me in the Hall of the Moon
For love of flowers I came down to earth
I went to India, taking the form of a young girl
My only wish is to wed the Tang monk
How could you destroy this beautiful wedding?
Chasing me across the sky like a beast
My weapon is older than your iron rod
It once was used to make drugs in the Hall of the Moon
One blow from it and your life is ended!"

"Ha!" said Sun Wukong. "If you lived in the Hall of the Moon, you must know of Old Monkey. Why do you fight me? You will surely lose!"

"Oh yes, I know you. You're the one who took care of the Jade Emperor's horses and caused such trouble in heaven. I should run away from you. But you are trying to prevent my wedding, that is as bad as killing one's parents. I must fight you!"

Sun Wukong hated to be reminded about his job tending the Emperor's horses. So he raised his rod to hit her. She blocked the blow, and they started to battle again at the gate of heaven. They fought for a while. The monster realized that she could not win the fight. So she shook her body and changed into a shaft of golden light. The light flew down to earth and entered a mountain cave. Sun Wukong followed the light to see where it went. Then he turned around and returned to the kingdom.

"Master, I'm back!" he cried.

Tangseng replied, "Be careful, Wukong, don't frighten His Majesty. Tell me, what happened with the princess?"

"And if that princess is a monster, where is our real princess?" asked the king.

Sun Wukong said, "The false princess is definitely a monster. I fought with her for half a day, then I chased her to the gate of heaven. The guards at the gate blocked her way, so she turned and fought with me again. Then she changed into a beam of golden light and flew to a mountain south of here. I could not find her so I was afraid she might try to harm you, so I came back right away."

The king said, "We beg you, please rescue our real princess and return her to us!"

"Your Majesty, please return to the main hall with my master. Please summon my two brothers to come and guard you and my master. Then I will leave and subdue the monster."

The king agreed, and also arranged for a vegetarian meal for the monk and disciples. Sun Wukong explained the situation to

Zhu and Sha. Then he used his cloud somersault to fly south to the mountain.

He searched the mountain but could not find the monster. This was because the monster had crawled into a small cave and blocked the entrance with rocks. After searching for a while, Sun Wukong summoned the local spirit and mountain god.

They arrived and kowtowed, saying, "Please don't hit us! We didn't know anything about this matter."

"I won't hit you yet. Tell me, what is the name of this mountain, and what monsters live here?"

"Great sage, this is called Mount Hairbrush. There have never been any monsters living here. There are just three rabbit lairs."

"Let's go look at them." The three of them went to search the three rabbit lairs. At the first lair they only saw a few rabbits. But the second lair was blocked by two large stones. Sun Wukong used his rod to push away the stones. As soon as he did that, the monster spirit rushed out, attacking him and the two deities. They all rose up on to the air.

Sun Wukong was stronger and was almost ready to kill the monster spirit. But suddenly a voice came down from the Ninefold Heaven, saying, "Great Sage, don't raise your hand!"

The monkey looked up and saw it was the Star Lord of the Moon. He was traveling on a pink cloud. Chang'e and all the other goddesses of the moon followed him. Sun Wukong put away his rod, bowed, and said, "Old man, where are you going? I'm sorry for not stepping out of your way."

The Star Lord replied, "That monster who you were fighting is the jade rabbit who lives in my Hall of the Moon. Her job is to make my Mysterious Frost Elixir. A year ago she opened the jade locks and escaped from the palace. I thought she might be in danger, so I came here to rescue her. Please don't kill her."

"Of course, of course," replied Sun Wukong. "I cannot refuse you. So, she's just a little rabbit! But do you know, your rabbit took the form of the princess of India. She wanted to mate with my master and steal his *yang*. This is a very serious crime."

"There are things that you also do not know. The daughter of the king is no ordinary girl. Eighteen years ago she was Lady White of the Palace of the Moon. One day she slapped the little jade hare on the face. Then, longing to live in the world below, her soul entered the belly of the Queen of India and she was born a princess. But the little rabbit never forgot that slap. That is why she ran away, and that is why she sent Lady White out of the palace. However, you are right, she should not have tried to mate with your master. Please give her back to me."

Sun Wukong laughed and said, "Now I understand. But if you take away the little rabbit, I'm afraid the king may not believe my story. Would you please come back with me to the palace and tell the king the same story that you told me?"

"Of course," said the Star Lord. Then turning to the monster he said, "Evil beast, it's time for you to return to what is right!"

The monster rolled onto the ground. In a few seconds she had turned into a little rabbit. She had sharp teeth, a split lip, red eyes, soft ears, and a cream-colored little nose. Her body was covered with fur-like jade. Sun Wukong laughed, and they all flew back to the king's palace.

They arrived at the palace around sunset, when the moon was rising. The king, Tangseng, Zhu and Sha were all in the court. They looked up and saw a bright colorful cloud approaching from the south. They heard the Great Sage calling out, "Your

Majesty of India, please come out and look. Here is the Star Lord of the Moon. With him is Chang'e, the lunar goddesses, and this little jade rabbit who once was the false princess. Now you see her true form."

They all looked up. Zhu was overcome by desire. He leaped into the air and reached for one of the goddesses of the moon. He cried, "Sister, you and I are old friends. Let's go have some fun!" Sun Wukong grabbed him and slapped him on the face, then pushed him down to the ground.

Ignoring this, the king asked, "Now that the false princess has been captured by your powerful magic, where can we find the true princess?"

Sun Wukong replied, "Your daughter is really the immortal Lady White of the Palace of the Moon. She wanted to live in this world, so she entered the belly of the Queen and was born as your daughter. Right now she is living in Gold Spreading Monastery where she is pretending to be insane. Let's all get some sleep. In the morning I will return your daughter to you."

The next morning, the king held court as usual. He asked Tangseng to go and look for his daughter.

Tangseng replied, "Your Majesty, we recently passed near the Gold Spreading Monastery and stayed there to rest. One night we heard the sound of a girl crying. An elderly monk told us that a year earlier, a strange wind had carried the girl to the monastery and dropped her in the Jetavana Garden. She told the monk that she was the daughter of the king of India. The monk was afraid that the other monks might cause trouble for her, so he shut her in a room for her own protection. Every night she cried for her parents. The old monk told us that he had visited the capital to learn more about this matter, but he saw that the princess was still living in the palace and appeared

185

to be ok. Because of this, he dared not say anything to the king. But when we arrived at the monastery he asked us to use our powers to find out the truth of the matter. Now we all know the truth. The rabbit has been taken back by the Star Lord, and your daughter is still at the monastery."

The king cried with joy. He asked, "How far is this Gold Spreading Monastery?"

"No more than sixty miles," said Tangseng.

Immediately the king ordered carriages for himself, the Queen, Tangseng, and the disciples. They set out for the monastery. But Sun Wukong jumped out of the carriage and flew ahead, arriving quickly at the monastery. He said to the monks, "Where is that elderly monk? Tell him to come out quickly. And all of you, prepare to receive the king and queen of India!"

The elderly monk came out. Sun Wukong told him the whole story about the lantern festival, the false princess, the battles in the sky, and the arrival of the Star Lord of the Moon. The elderly monk kowtowed again and again. Sun Wukong said, "Stop bowing! Get ready to meet the king and queen!"

A short time later, the carriages carrying the king and queen arrived. They were met by the monks of the monastery, and standing with the monks was Sun Wukong. "How did you get here so quickly?" asked the king.

Sun Wukong replied, "It was easy for Old Monkey. Why did you get here so slowly?"

The group entered the monastery. The elderly monk led them to the room where the princess was pretending to be mad. The monk went to his knees and said, "Your Highness, inside this room is the lady princess."

The king ordered the door to be opened. The king and queen looked inside and recognized their daughter, even though she was extremely dirty. "Our poor child!" they cried, and all three of them embraced and cried for a long time.

Later, the princess bathed and put on clean clothes, and they all climbed up on the imperial chariot. As they were getting ready to depart, Sun Wukong approached the chariot. He said to the king, "Your Majesty, there is one small matter I wish to discuss with you."

"Of course, we will do anything you ask of us."

"There is a mountain here called Hundred Legs Mountain. It has many centipedes that have become evil spirits. They are harming people in the night. I ask you to select a thousand roosters and scatter them throughout the mountain. They will eat all the centipedes. Also, you should change the name of the mountain. And you should provide some money for the repair of this old monastery."

The king did everything that Sun Wukong asked. A thousand roosters were sent to eat the centipedes. The name of the mountain was changed to Precious Flower Mountain. Money and materials were provided for the repair of the monastery, which was renamed Gold Spreading Monastery of Precious Flower Mountain. The elderly monk was named a monk-official and given a stipend of 36 bushels of grain. And there were many banquets held to celebrate the return of the princess.

The travelers stayed for five or six days, but they wanted to continue on their journey. The king provided them with the royal chariot to take them to the western gate of the city. They got out of the chariot and began walking westward again. Truly,

Washing away the words of thanks, they return to the true
nature
Leaving the sea of gold, they awaken to the true void

My dear child, Tangseng has now been traveling to the west
for over fourteen years. His journey is almost finished, but we
don't know how it will end.

You will find out in the final story. Good night!

Proper Nouns

These are all the Chinese proper nouns used in this book.

Pinyin	Chinese	English
Àolái Wángguó	奥莱王国	Aolai Kingdom
Áoshùn	敖顺	Aoshun the Dragon King, an immortal
Bǎi Jiǎo Shān	百脚山	Hundred Legs Mountain
Bǎohuà Shān	宝华山	Precious Flower Mountain
Bù Jīn Sì	布金寺	Gold Spreading Monastery
Chán Shī	禅师	Chan Master, a man
Cháng'ān	长安	Chang'an (now Xi'an), a city
Cháng'é	嫦娥	Chang'e, the Goddess of the Moon, an immortal
Chén Xuánzàng	陈玄奘	Chen Xuanzang, Tangseng's birth name
Cí Yún Sì	慈云寺	Mercy Cloud Temple
Dīng Jiǎ	丁甲	Guardians of the Five Quarters, immortals
Dòu Mù Xiè	斗木獬	Dipper the Wood Unicorn, a star
Dòu Niú Gōng	斗牛宫	Bull Fighting Palace
Guāngmíng Liùshén	光明六神	Six Gods of Light, immortals
Guānyīn	观音	Guanyin, a bodhisattva
Hēi'àn Liùshén	黑暗六神	Six Gods of Darkness, immortals
Huāguǒ Shān	花果山	Flower Fruit Mountain
Huìtóng Guǎn	会同馆	Hostel of Meetings
Jiǎo Mù Jiāo	角木蛟	Horn Wood Dragon, a star
Jīn Dēng Qiáo	金灯桥	Golden Lamp Bridge
Jǐng Mù Àn	井木犴	Well Wood Hound, a star
Jīnluán Diàn	金銮殿	Hall of Golden Chimes
Jīnpíng Fǔ	金平府	Gold Level Prefecture
Jiǔchóng Tiān	九重天	Ninefold Heaven

Juǎn Lián Dàjiàng	卷帘大将	Curtain Raising Captain, a title for Sha Wujing
Kuí Mù Láng	奎木狼	Strider Wood Wolf, a star
Léiyīn Sì	雷音寺	Thunderclap Monastery
Líng Shān	灵山	Spirit Mountain
Líng Xiāo Diàn	灵霄殿	Hall of Divine Mists
Liúshā Hé	流沙河	Flowing Sand River
Máoyǐng Shān	毛颖山	Mount Hairbrush
Pì Chén Dàwáng	辟尘大王	Great King Dust Avoider, a demon
Pì Hán Dàwáng	辟寒大王	Great King Cold Avoider, a demon
Pì Shǔ Dàwáng	辟暑大王	Great King Heat Avoider, a demon
Qí Tiān Dà Shèng	齐天大圣	Great Sage Equal to Heaven, a title for Sun Wukong
Qīnglóng Shān	青龙山	Green Dragon Mountain
Sānzàng	三藏	Sanzang, another name for Tangseng
Shā (Wùjìng)	沙（悟净）	Sha Wujing, Tangseng's junior disciple
Shě Wèi Chéng	舍卫城	Sravasti, a city
Shēngsǐ Bù	生死薄	Book of Life and Death
Shénmì Shuāng Xiān Yào	神秘霜仙药	Mysterious Frost Elixir
Shuǐ Lián Dòng	水帘洞	Water Curtain Cave
Sì Mù Qín Xīng	四木禽星	Four Wood Bird Stars, the four stars
Sì Wèi Dà Yuánshuài	四位大元帅	Four Grand Marshals, immortals
Sì Wèi Tiānshī	四位天师	Four Celestial Masters, immortals
Sì Zhí Gōng Cáo	四值功曹	Four Sentinels of Time, immortals
Sù é	素娥	Lady White, an immortal
Sūn Wùkōng	孙悟空	Sun Wukong, Tangseng's senior disciple

Tàibái Jīnxīng	太白金星	Gold Star Venus, an immortal
Tàiyīn Xīng Jūn	太阴星君	Star Lord of the Moon, an immortal
Táng	唐	Tang, a dynasty
Tángsēng	唐僧	Tangseng, a Buddhist monk
Tiān Péng Yuánshuài	天蓬元帅	Marshal of Heavenly Reeds, a title for Zhu Bajie
Tōngmíng Diàn	通明殿	Hall of Perfect Light
Xīnjīng	心经	Heart Sutra
Xū Dá Duō	须达多	Sudatta, a prince
Yìndù	印度	India
Yízōng Huángdì	怡宗皇帝	Emperor Yizong, a man
Yù Huá Chéng	玉华城	the Jade Flower City
Yuánxiāo Jié	元宵节	Lantern Festival
Yuègōng	月宫	Palace of the Moon
Yùhuáng Dàdì	玉皇大帝	Jade Emperor, an immortal
Zhī Shù Gěi Gū Yuán	祇树给孤园	Jetavana Park
Zhōngguó	中国	China
Zhū (Bājiè)	猪（八戒）	Zhu Bajie, Tangseng's middle disciple

Glossary

These are all the Chinese words (other than proper nouns) used in this book.

Pinyin	Chinese	English
a	啊	ah, oh, what
ài	爱	love
ǎi	矮	short
àn (biān)	岸（边）	shore
ānjìng	安静	quiet, peaceful
ānpái	安排	to arrange
ānquán	安全	safety
àomì	奥秘	mystery
ba	吧	(indicates assumption or suggestion)
bá	拔	to pull
bǎ	把	(measure word for gripped objects)
bǎ	把	(preposition introducing the object of a verb)
bā	八	eight
bài	拜	to worship
bǎi	百	hundred
bái (sè)	白（色）	white
báitiān	白天	day, daytime
bàn	办	to do
bàn	半	half
bànfǎ	办法	method
bàng	棒	rod, stick, wonderful
bǎng	绑	to tie
bāng (zhù)	帮（助）	to help
bāngmáng	帮忙	to help
bào (zhù)	抱（住）	to hold, to carry
bǎobèi	宝贝	treasure, baby
bǎohù	保护	to protect

bǎotǎ	宝塔	pagoda
bāowéi	包围	to encircle
bàoyuàn	抱怨	to complain
bàozi	豹子	leopard
bǎozuò	宝座	throne
bāzhǎng	巴掌	slap
bàzi	耙子	rake
bèi	被	(particle before passive verb)
běi	北	north
bèn	笨	stupid, a fool
běnxìng	本性	nature
bǐ	比	compared to, than
biàn	变	to change
biān	边	side
biànchéng	变成	become
biānjiè	边界	boundary
bié	别	do not, other
bīng	冰	ice
bìxià	陛下	Your Majesty
bìxū	必须	must
bízi	鼻子	nose
bō	剥	to flay, to peel
bōlí	玻璃	glass
bù	不	no, not, do not
bù lǐ	不理	to ignore
búguò	不过	but
bùjiǔ	不久	not long ago, soon
bùliǎo	不了	no more
bùxiǎng	不想	in no mood
cái	才	only
cǎi	踩	to step on
cāi	猜	guess
cǎi (sè)	彩(色)	color
cáinéng	才能	can only, ability, talent

chá	茶	tea
chàbùduō	差不多	almost
cháng	长	long
chǎng	场	(measure word for public events)
chànggē	唱歌	sing
chángshēng	长生	longevity
cháotíng	朝廷	court
chē	车	car, cart
chéng (shì)	城（市）	city
chéng (wéi)	成（为）	to become
chénggōng	成功	success
chǐ	尺	Chinese foot
chī (fàn)	吃（饭）	to eat
chī diào	吃掉	to eat up
chījīng	吃惊	to be surprised
chōng	冲	to rise up, to rush, to wash out
chǒu	丑	ugly
chù	处	location
chū	出	out
chuán	传	to pass on, to transmit
chuān	穿	to wear
chuān (guò)	穿（过）	to pass through
chuānglián	窗帘	curtain
chúfēi	除非	unless
chuī	吹	to blow
chūn (tiān)	春（天）	spring
chūshēng	出生	born
chūxiàn	出现	to appear
cì	刺	to stab
cóng	从	from
cónglái méiyǒu	从来没有	there has never been
cū	粗	broad, thick
cuò	错	wrong

dà	大	big
dǎ	打	to hit, to play
dà hǎn	大喊	to shout
dǎbài	打败	defeat
dàchén	大臣	minister
dàdiàn	大殿	main hall
dàhǎi	大海	sea
dǎhān	打鼾	snoring
dài	带	to carry, to lead, to bring
dàjiā	大家	everyone
dàjiàng	大将	general, high ranking officer
dǎkāi	打开	to turn on, to open
dǎmó	打磨	to polish
dàn	蛋	egg
dān	丹	pill or tablet
dàn (shì)	但（是）	but
dāng	当	when
dǎng (zhù)	挡（住）	to block
dāngrán	当然	of course
dānxīn	担心	to worry
dào	到	to arrive, towards
dào	道	path, way, Dao, to say, (measure word for lines, orders)
dǎo	倒	to fall, upside down
dāo	刀	knife
dàoren	道人	Daoist
dàoxiè	道谢	to thank
dàshēng	大声	loud
dàshī	大师	grandmaster
dàwáng	大王	king
dàxiǎo	大小	size
de	的	of
dé	得	(particle showing degree or possibility)
dédào	得到	to get

dehuà	的话	if
děng	等	to wait
dēng (guāng)	灯（光）	light
dēnglóng	灯笼	lantern
dēngxīn	灯芯	wick
dí	笛	flute
dì	地	land, ground, earth
dì	第	(prefix before a number)
dī	低	low
dǐ (bù)	底（部）	bottom
diàn	殿	hall
diǎn	点	point, hour
diǎntóu	点头	to nod
diànzi	垫子	mat
diào	掉	to fall, to drop, to lose
diào	钓	to fish
dìfāng	地方	place
dǐng	顶	top
diū	丢	to throw
dòng	动	to move
dòng	洞	cave, hole
dǒng	懂	to understand
dōng (bù)	东（部）	east
dōng (tiān)	冬（天）	winter
dòngwù	动物	animal
dōngxi	东西	thing
dōu	都	all
dú	读	to read
dú	毒	poison
duǎn	短	short
duì	对	correct, towards someone
duī	堆	heap, (measure word for piles, problems, clothing)
duìbùqǐ	对不起	I am sorry

dùn	顿	(measure word for non-repeating actions)
duǒ	躲	to hide
duō	多	many
dùzi	肚子	belly, abdomen
è	恶	evil
èr	二	two
ěrduo	耳朵	ear
fā	发	to send, to issue
fādǒu	发抖	to tremble, to shiver
fǎlìng	法令	decree
fàn	饭	cooked rice, a meal
fān	翻	to turn
fàng	放	to put, to let out
fāng (xiàng)	方(向)	direction
fāngfǎ	方法	method
fángjiān	房间	room
fàngxià	放下	to lay down
fàngxīn	放心	rest assured
fāngzhàng	方丈	abbot
fánróng	繁荣	prosperous
fànwǎn	饭碗	rice bowl
fāshēng	发生	to occur
fāxiàn	发现	to find out
fēi	飞	to fly
fēicháng	非常	very
fēikuài	飞快	fast
fēizi	妃子	concubine
fēn	分	to share, to divide
fēn (zhōng)	分(钟)	minute
fēng	疯	crazy
fēng	风	wind
fènghuáng	凤凰	phoenix
fěnhóng sè	粉红色	pink
fēnkāi	分开	separate

fènnù	愤怒	anger
fó	佛	Buddha, buddhist
fófǎ	佛法	Buddha's teachings
fójiào	佛教	Buddhism
fójiào tú	佛教徒	Buddhist
fózǔ	佛祖	Buddhist teacher
fù (qīn)	父(亲)	father
fùjìn	附近	nearby
fùmǔ	父母	parents
fǔtóu	斧头	ax
gāi	该	should
gǎi (biàn)	改(变)	to change
gài (zi)	盖(子)	cover
gǎimíng	改名	rename
gāisǐ (de)	该死(的)	damn
gǎn	敢	to dare
gǎn	赶	to chase away
gǎn (dào)	感(到)	to feel
gāng (cái)	刚(才)	just, just a moment ago
gǎnjī	感激	gratitude
gānjìng	干净	clean
gǎnxiè	感谢	to thank
gāo	高	tall, high
gàosù	告诉	to tell
gāoxìng	高兴	happy
gè	个	(measure word, generic)
gēge	哥哥	elder brother
gěi	给	to give
gēn	根	root, (measure word for long thin things)
gēn (zhe)	跟(着)	with, to follow
gèng	更	more
gēng	更	even, watch (2-hour period)
gèzi	个子	stature

gōng (diàn)	宫（殿）	palace
gōngjī	公鸡	rooster
gōngjī	攻击	to attack
gōngrén	工人	worker
gōngzhǔ	公主	princess
gōngzuò	工作	work, job
gǒu	狗	dog
gōu	钩	hook
gǔ	古	ancient
gǔ	股	(measure word for air, flows, ...)
gǔ	鼓	drum
gǔ (zi)	谷（子）	grains
guà	挂	to hang
guǎizhàng	拐杖	staff, crutch
guān	关	to turn off, to close
guāng	光	light
guānxì	关系	relationship
guānyú	关于	about
guānyuán	官员	official
guì	贵	expensive
guì	跪	to kneel
guǐ (guài)	鬼（怪）	ghost
guìzhòng	贵重	precious
guò	过	to pass, (after verb to indicate past tense)
guó (jiā)	国（家）	country
guówáng	国王	king
guòyè	过夜	to stay overnight
gùshì	故事	story
hā	哈	ha!
hái	还	still, also
hǎi	海	ocean, sea
hàipà	害怕	fear, scared
háishì	还是	still is
hàixiū	害羞	shy

háizi	孩子	child
hǎn (jiào)	喊（叫）	to call, to shout
hǎo	好	good, very
hǎo chī	好吃	delicious
hǎoduō	好多	many, much
hǎowán	好玩	fun
hǎoxiàng	好像	to like
hé	合	to combine, to join
hé	和	and, with
hē	喝	to drink
hé (liú)	河（流）	river
hēi (sè)	黑（色）	black
hěn	很	very
héshang	和尚	monk
hóng (sè)	红（色）	red
hòu	后	after, back, behind
hóu (zi)	猴(子)	monkey
hòulái	后来	later
huà	画	painting, picture
huà	话	word, speak
huā (duǒ)	花（朵）	flowers
huài	坏	bad, broken
huán	还	to return
huàn	换	to exchange, to trade
huáng (sè)	黄（色）	yellow
huángdì	皇帝	emperor
huānyíng	欢迎	welcome
huāyuán	花园	garden
huí	回	to return
huì	会	will, to be able to
huī	灰	gray, dust, ash
huī (dòng)	挥（动）	to swat, to wave
huǐ (huài)	毁（坏）	to smash, to destroy
huídá	回答	to reply

huīfù	恢复	to recover
hùndùn	混沌	chaos
hūnlǐ	婚礼	wedding
huǒ	火	fire
huó (zhe)	活（着）	alive
huò (zhě)	或（者）	or
húsūn	猢狲	ape
hùxiāng	互相	each other
jí	极	extremely, pole
jǐ	几	several
jī	击	to hit
jī	鸡	chicken
jì (zhù)	记（住）	to remember
jí shì	集市	marketplace
jiǎ	假	fake
jiā	家	family, home
jiàn	件	(measure word for clothing, matters)
jiàn	剑	sword
jiàn	建	to build
jiān	尖	pointed, tip
jiàn (miàn)	见（面）	to see, to meet
jiānchí	坚持	to insist
jiǎng	讲	to speak
jiāng	将	shall
jiǎngkè	讲课	lecture
jiānyù	监狱	prison
jiào	叫	to call, to yell
jiǎo	脚	foot
jiǎo	角	corner, horn
jiāo	教	to teach
jiāohé	交合	to mate
jiàozi	轿子	sedan chair
jiàozuò	叫做	called
jiārù	加入	to join in

jiātíng	家庭	family members
jiǎzhuāng	假装	to pretend
jiē (dào)	街（道）	street
jié (rì)	节（日）	festival (day)
jiē (zhù)	接（住）	to catch
jiéhūn	结婚	to marry
jiějie	姐姐	elder sister
jiējìn	接近	near
jiějué	解决	to solve, settle, resolve
jiěshì	解释	to explain
jiēshòu	接受	to accept
jiéshù	结束	end, finish
jiēzhe	接着	and then
jiē xiàlái	接下来	next
jīhū	几乎	almost
jìhuà	计划	plan
jìn	近	close
jìn	进	to advance, to enter
jǐn	紧	tight, close
jīn	斤	cattie (measure of weight)
jīn (sè)	金（色）	golden
jīn (zi)	金（子）	gold
jīn gū bàng	金箍棒	golden hoop rod
jīn wǎn	今晚	tonight
jīndǒu yún	筋斗云	somersault cloud
jìng	静	quiet
jīng (shén)	精（神）	spirit
jīng wén	经文	scripture
jīngguò	经过	after, through
jīnglǐ	经理	manager
jìngzuò	静坐	to sit still, to meditate
jìnlái	进来	to come in
jíshǐ	即使	even though
jiù	就	just, right now

jiù	救	to save, to rescue
jiǔ	久	long
jiǔ	九	nine
jiù yào	就要	about to
jiǔdiàn	酒店	hotel, inn
jíxiáng	吉祥	auspicious
jìxù	继续	to continue
jù	句	(measure word for word, sentence)
jù (dà)	巨（大）	huge
jǔ (qǐ)	举（起）	to lift
juédé	觉得	to feel
jūgōng	鞠躬	to bow down
jùjué	拒绝	to refuse
jùn hóu	郡侯	prefect (magistrate or regional governor)
jūnduì	军队	army
jūnzǐ	君子	gentleman
jǔxíng	举行	to hold
kāi	开	open
kāishǐ	开始	to begin
kāiwánxiào	开玩笑	to make a joke
kāixīn	开心	happy
kàn	看	to look
kǎn	砍	to cut
kàn bú jiàn	看不见	look but can't see
kàn kàn	看看	have a look
kàn qǐlái	看起来	it looks like
kānhù	看护	to care for
kè	课	class
kē	颗	(measure word for small objects)
kě'ài	可爱	lovely, cute
kělián	可怜	pathetic
kěnéng	可能	maybe
kèrén	客人	guest
kěshì	可是	but

kētóu	磕头	to kowtow
kěyǐ	可以	can
kōng (qì)	空（气）	air, void, emptiness
kòngzhì	控制	control
kòutóu	叩头	to kowtow
kū	哭	to cry
kū	枯	dry, withered
kuài	块	(measure word for chunks, pieces)
kuài	快	fast
kuài diǎn	快点	hurry up
kuàilè	快乐	happy
kuàiyào	快要	soon
kuījiǎ	盔甲	armor
kǔlì	苦力	coolie, unskilled laborer
kùn	困	to trap
kùnhuò	困惑	confused
lā	拉	to pull
lái	来	to come
láizì	来自	from
lǎn (duò)	懒（惰）	lazy
lán (sè)	蓝（色）	blue
láng	狼	wolf
lǎo	老	old
lǎobǎn	老板	boss
lǎofū	老夫	old man
lǎohǔ	老虎	tiger
lǎoshī	老师	teacher
le	了	(indicates completion)
lèi	泪	tears
lèi	累	tired
léi (shēng)	雷（声）	thunder
lěngjìng	冷静	calm
lí	离	away from, to leave
lǐ	里	a Chinese mile

lǐ (miàn)	里（面）	inside
liǎ	俩	both
liǎn	脸	face
liǎng	两	two, Chinese ounce
liǎojiě	了解	to understand
liè	裂	split, crack
lìhài	厉害	sharp, intense, ferocious
líkāi	离开	to leave
lìliàng	力量	strength
lǐmào	礼貌	polite
límíng	黎明	dawn
líng	零	zero
lìng (wài)	另（外）	other, another, in addition
línghún	灵魂	soul
lìshǐ	历史	history
liú	流	to flow
liù	六	six
liú (xià)	留（下）	to keep, to leave behind, to stay
lǐwù	礼物	gift
lóng	笼	cage
lóng	龙	dragon
lóu	楼	building, floor
lòu	漏	leak
lù	路	road
lù	露	to reveal, to expose, dew
lù	鹿	deer
lǚ	缕	(measure word for light, hair, threads)
lǜ (sè)	绿（色）	green
luàn	乱	chaotic, messy, confused
lún (zi)	轮（子）	wheel
lǚtú	旅途	journey
ma	吗	(indicates a question)
mǎ	马	horse
máfan	麻烦	trouble

mài	卖	to sell
mǎi	买	to buy
māma	妈妈	mother
màn	慢	slow
mǎn	满	full
máng	忙	busy
máo	矛	spear
máo (fà)	毛（发）	hair
mào (zi)	帽（子）	hat
máobǐ	毛笔	writing brush
mǎshàng	马上	immediately
méi	梅	plum (plant or flower)
méi	没	not
měi	每	every
měi (lì)	美（丽）	beautiful
men	们	(indicates plural)
mén	门	door
ménkǒu	门口	doorway
mǐ	米	rice, meter
miàn	面	side, surface, noodles, face, (measure word for flat things)
miào	庙	temple
miǎo (zhōng)	秒（钟）	seconds
miè	灭	to extinguish
mìfēng	蜜蜂	bee
míng (liàng)	明（亮）	bright
míng (zì)	名（字）	first name, name, (measure word for an occupation or profession)
míngbái	明白	to understand, clear
mìnglìng	命令	command
míngtiān	明天	tomorrow
mò	墨	ink
mǒ	抹	to wipe, to rub
mó (fǎ)	魔（法）	magic
mó (lì)	魔（力）	magic

móguǐ	魔鬼	demon
mù (tou)	木（头）	wood
mùbǎn	木板	plank
mǔqīn	母亲	mother
ná	拿	to take
nà	那	that
ná qǐ (lái)	拿起（来）	to pick up
nǎiyóu	奶油	cream
nàlǐ	那里	there
nǎlǐ	哪里	where
nàme	那么	so then
nán	南	south
nán	难	difficult, rare
nán wén	难闻	unpleasant smell
nánhái	男孩	boy
nánkàn	难看	ugly
nǎo (zi)	脑（子）	brain
nàxiē	那些	those ones
nàyàng	那样	that way
ne	呢	(indicates question)
néng	能	can
nénggòu	能够	able to, capable of
nǐ	你	you
nián	年	year
niàn	念	to recite
niànfó	念佛	to practice Buddhism
niánjì	年纪	age
niànjīng	念经	chanting
niánlíng	年龄	age
niánqīng	年轻	young
niào	尿	urine
niú	牛	cow, bull
nòng	弄	to do, to make

nǚ	女	female
nǚ'ér	女儿	daughter
nǚhái	女孩	girl
nǚpú	女仆	maid
nǚxù	女婿	son in law
ó, ò	哦	oh?, oh!
pá	爬	to climb
pà	怕	afraid
pāi (dǎ)	拍（打）	to tap, to slap
pái (zi)	牌（子）	sign
pán	盘	plate, tray, to coil, to twist
pàng	胖	fat
pǎo	跑	to run
páoxiào	咆哮	to roar
pèi	配	worthy, match
pèi shàng	配上	to serve with, to set to (music)
pí	皮	leather, skin
piàn (shù)	骗（术）	to trick, to cheat
piāo	漂	to drift
piàoliang	漂亮	beautiful
pífū	皮肤	human skin
píngfēng	屏风	screen
píngtái	平台	platform
púrén	仆人	servant
pǔtōng	普通	ordinary
qí	骑	to ride
qì	气	gas, air, breath
qǐ	起	from, up
qián	前	in front, before
qián	钱	money
qiān	千	thousand
qiān	牵	to lead
qiān (shǔ)	签（署）	to sign
qiáng	墙	wall

qiáng (dà)	强(大)	powerful
qiángdào	强盗	bandit
qiánwǎng	前往	go to
qiáo	桥	bridge
qiāo (jī)	敲(击)	to knock, to strike
qiāodǎ	敲打	to beat up
qiāoqiāo	悄悄	quietly
qídǎo	祈祷	prayer
qiē	切	to cut
qiēgē	切割	to cut metal or gemstones
qígān	旗杆	flagpole
qíguài	奇怪	strange
qǐlái	起来	(after verb, indicates start of an action)
qīn'ài de	亲爱的	dear
qǐng	请	please
qīng	轻	lightly
qīng (chǔ)	清(楚)	clear
qíngkuàng	情况	situation
qīngshēng	轻声	speak softly
qìngzhù	庆祝	to celebrate
qióng	穷	poverty
qíshí	其实	in fact
qítā	其他	other
qiú	求	to beg
qiú	球	ball
qiū (tiān)	秋(天)	autumn
qízhōng	其中	among them
qízi	旗子	flag
qīzi	妻子	wife
qù	去	to go
qǔ	取	to take
quán	全	complete
quánlì	权力	power, all out
qùdiào	去掉	remove, get rid of

qún	群	group, (measure word for group)
ràng	让	to let, to cause
ránhòu	然后	then
rén	人	person, people
rèn	认	to know, to recognize
rěn (shòu)	忍（受）	to endure, to tolerate
rènao	热闹	lively
rēng	扔	to throw
réngrán	仍然	still, yet
rènhé	任何	any
rénjiān	人间	human world
rènshi	认识	to understand
rènwéi	认为	to believe
rì (zi)	日（子）	day, days of life
rónghuà	融化	melt
róngyì	容易	easy
róngyù	荣誉	honor
ròu	肉	meat, flesh
rù	入	to enter, into
ruǎn	软	soft
rúguǒ	如果	if
sàn	散	scattered
sān	三	three
sǎo	扫	to sweep
sàozhǒu	扫帚	broom
sēng (rén)	僧（人）	monk
shā	杀	to kill
shàn	扇	(measure word for windows, doors)
shān	山	mountain
shàng	上	on, up
shāng (hài)	伤（害）	hurt
shàng tiān	上天	god, heaven
shāngdiàn	商店	store
shàngmiàn	上面	above

shāngxīn	伤心	sad
shànliáng	善良	goodness
shāo	烧	to burn
shé	蛇	snake
shé (tou)	舌(头)	tongue
shēn (shǒu)	伸(手)	to reach out
shēn (tǐ)	身(体)	body
shén (xiān)	神(仙)	spirit, god
shēnbiān	身边	around
shēng	生	to give birth, to grow out
shēng (huó)	生(活)	life
shèng (rén)	圣(人)	saint, holy sage
shèng (xià)	剩(下)	to remain, rest of
shēng (yīn)	声(音)	sound
shéng (zi)	绳(子)	rope
shènglì	胜利	victory
shēngmìng	生命	life
shēngqì	生气	anger
shēngrì	生日	birthday
shēngyì	生意	business
shēnhòu	身后	behind
shénme	什么	what
shénmì	神秘	mysterious
shénqí	神奇	magical
shénshè	神社	shrine
shí	十	ten
shì	是	is, yes
shǐ	屎	shit
shī (fu)	师(父)	master
shī (gē)	诗(歌)	poetry
shí (hòu)	时(候)	time, moment, period
shì (qing)	事(情)	thing
shí (tou)	石(头)	stone
shí (wù)	食(物)	food

shì (yuàn)	誓（愿）	vow
shìbīng	士兵	soldier
shíjiān	时间	time, period
shìjiè	世界	world
shìwèi	侍卫	to guard
shīzi	狮子	lion
shòu	兽	beast
shòu	瘦	thin
shǒu	手	hand
shǒu	首	(measure word for music, poems)
shǒubì	手臂	arm
shòudào	受到	to receive, to suffer
shǒudū	首都	capital city
shǒushì	手势	gesture
shǒuwèi	守卫	to guard
shǒuzhàng	手杖	cane
shǒuzhǐ	手指	finger
shū	输	to lose
shù (mù)	树（木）	tree
shuāng	双	a pair
shuāng	霜	frost
shuí	谁	who
shuǐ	水	water
shuì (jiào)	睡（觉）	to sleep
shuǐniú	水牛	buffalo
shuō (huà)	说（话）	to say
shūshì	舒适	cozy, comfortable
sì	四	four
sǐ	死	dead, to die
sì (miào)	寺（庙）	temple
sìzhōu	四周	all around, four directions
sōng	松	loose
sòng (gěi)	送（给）	to give a gift
sù	素	vegetable, vegetarian

suì	岁	years of age
suì	碎	to break up
suīrán	虽然	although
suǒ	锁	lock
suǒliàn	锁链	chain
suǒyǐ	所以	so
suǒyǒu	所有	all
tǎ	塔	tower
tā	他	he, him
tā	她	she, her
tā	它	it
tài	太	too
tái (qǐ)	抬（起）	to lift up
táitóu	抬头	to look up
tàiyáng	太阳	sunlight
tàizǐ	太子	prince
tán zòu	弹奏	to play
tǎng	躺	to lie down
táo (zǒu)	逃（走）	to escape
tǎolùn	讨论	to discuss
tèbié	特别	special
tiān	天	day, sky
tiānbiān	天边	horizon
tiāndì	天地	world
tiāngōng	天宫	palace of heaven
tiānkōng	天空	sky
tiānshàng	天上	heaven
tiāntáng	天堂	heaven
tiānwénxué jiā	天文学家	astronomer
tiáo	条	(measure word for narrow, flexible things)
tiào	跳	to jump
tiàowǔ	跳舞	to dance
tiě	铁	iron

tīng	听	to listen
tíng (zhǐ)	停（止）	to stop
tīng shuō	听说	it is said that
tíngliú	停留	to stay
tóng	同	same
tǒng	桶	barrel, bucket
tōng (guò)	通（过）	to pass through
tòng (kǔ)	痛（苦）	pain, suffering
tōngguān wénshū	通关文书	travel rescript
tóngyì	同意	to agree
tǒngzhì	统治	to rule
tóu	头	head, (measure word for animal with big head)
tōu	偷	to steal
tù (zi)	兔（子）	rabbit
tuán	团	(measure word for lump, ball, mass)
túdì	徒弟	apprentice
tǔdì	土地	land
tuǐ	腿	leg
tuō	拖	to drag
tuō diào	脱掉	take off
tūrán	突然	suddenly
wài (miàn)	外（面）	outside
wán	玩	to play
wàn	万	ten thousand
wǎn	晚	late, night
wǎn	碗	bowl
wǎn'ān	晚安	good night
wǎnfàn	晚饭	dinner
wáng	王	king
wǎng	往	to
wàng (jì)	忘（记）	to forget
wánggōng	王宫	royal palace

wángguó	王国	kingdom
wánghòu	王后	queen
wǎnshàng	晚上	evening, night
wèi	为	for
wèi	位	place, (measure word for people, polite)
wéi (zhù)	围（住）	to encircle, to surround
wěidà	伟大	great
wèidào	味道	taste, smell
wèilái	未来	future
wèile	为了	in order to
wèishénme	为什么	why
wéixiǎn	危险	danger
wèn	问	to ask
wènhǎo	问好	say hello
wénshū	文书	written document
wèntí	问题	problem, question
wǒ	我	I, me
wō	窝	nest, den
wú	无	no, without
wù	悟	to realize, to understand
wù	雾	fog, mist
wǔ	五	five
wū (zi)	屋（子）	small house, room
wúchǐ	无耻	wretched, shameless
wūdǐng	屋顶	roof
wúfǎwútiān	无法无天	lawless
wúgōng	蜈蚣	centipede
wǔqì	武器	weapon
wúyòng	无用	useless
xǐ	洗	to wash
xī	溪	stream, creek
xī	西	west
xià	下	down, under

xià	吓	to scare
xià (tiān)	夏（天）	summer
xià huài	吓坏	frightened
xiàlái	下来	to come down
xiàmiàn	下面	underneath
xiàn	线	thread, line, wire
xiān	仙	immortal, celestial being
xiān	先	first
xiàng	像	like, to resemble
xiàng	向	towards
xiàng	象	elephant
xiǎng	响	loud
xiǎng	想	to want, to miss, to think of
xiāng	相	mutually
xiàng shàng	向上	upwards
xiǎng yào	想要	would like to
xiǎngdào	想到	to think
xiǎngfǎ	想法	thought
xiángfú	降伏	to subdue
xiǎngshòu	享受	to enjoy
xiāngtóng	相同	the same
xiàngwǎng	向往	to yearn for
xiāngxìn	相信	to believe, to trust
xiānhuā	鲜花	fresh flowers
xiānshēng	先生	sir, gentleman
xiànzài	现在	now
xiào	笑	to laugh
xiǎo	小	small
xiǎoshí	小时	hour
xiāoshī	消失	to disappear
xiāoxi	消息	news
xiǎoxīn	小心	careful
xiàwǔ	下午	afternoon
xiè	谢	to thank

xiě	写	to write
xié ('è)	邪（恶）	evil
xièxiè	谢谢	thank you
xǐhuān	喜欢	to like
xìn	信	letter
xīn	心	heart/mind
xīn	新	new
xíng	行	to travel, to walk, OK
xìng	性	sex, nature
xīng	星	star
xǐng (lái)	醒（来）	to wake up
xíng, háng	行	(measure word for row)
xínglǐ	行李	luggage
xìngqù	兴趣	interest
xíngzǒu	行走	to walk
xīniú	犀牛	rhino
xīnqíng	心情	feeling
xīnyì	心意	will
xīnyuàn	心愿	wish
xiōngdì	兄弟	brother
xiù	宿	constellation
xiù	绣	embroidered
xiū	修	to repair
xiūxi	休息	to rest
xiùzi	袖子	sleeve
xīwàng	希望	to hope
xǐzǎo	洗澡	to bathe
xuǎn (zé)	选（择）	to select, to choose
xuānbù	宣布	to announce
xǔduō	许多	many
xué (xí)	学（习）	to learn
xuěhuā	雪花	snowflake
xuéhuì	学会	to learn
xuēruò	削弱	to weaken

xuéshēng	学生	student
xúnluó	巡逻	patrol
xūruò	虚弱	weak
xūyào	需要	to need
yá (chǐ)	牙(齿)	tooth, teeth
yàn (huì)	宴(会)	feast
yǎn (jīng)	眼(睛)	eye
yān (wù)	烟(雾)	smoke
yáng	羊	goat, sheep
yáng	阳	masculine principle in Daoism
yǎngyù	养育	to nurture
yàngzi	样子	to look like, appearance
yánsè	颜色	color
yào	药	medicine
yào	要	to want
yáo (dòng)	摇(动)	to shake or twist
yàofàn	要饭	to beg for food
yāoguài	妖怪	monster
yāoqǐng	邀请	to invite
yāoqiú	要求	to request
yè	夜	night
yě	也	also
yèchā	夜叉	yaksha, nature spirit
yī	一	one
yī (fu)	衣(服)	clothes
yíàng	一样	same
yíbiàn	一遍	once again
yìbiān	一边	on the side
yìdiǎn	一点	a little
yídìng	一定	must
yígè rén	一个人	alone
yígòng	一共	altogether
yǐhòu	以后	after
yīhuǐ'er	一会儿	a while

yǐjīng	已经	already
yín (zi)	银(子)	silver
yíng	赢	to win
yīng	鹰	hawk, eagle
yìngbì	硬币	coin
yīnggāi	应该	should
yínghuǒchóng	萤火虫	firefly
yíngjiē	迎接	to receive respected guests
yǐngxiǎng	影响	influences
yīnwèi	因为	because
yīnyuè	音乐	music
yīnyuè jiā	音乐家	musician
yìqǐ	一起	together
yǐqián	以前	before
yíqiè	一切	everything
yìshēng	一生	lifetime
yìsi	意思	meaning
yǐwéi	以为	to think, to believe
yíxià	一下	a bit, a short quick action
yìxiē	一些	some
yìzhí	一直	always, continuously
yòng	用	to use
yǒngyuǎn	永远	forever
yóu	油	oil
yóu	由	from, by, because of
yòu	又	again
yǒu	有	to have
yóu (yǒng)	游(泳)	to swim, to tour
yóu zǒu	游走	to walk around
yǒudiǎn	有点	a little bit
yǒuguān	有关	related to
yǒumíng	有名	famous
yóurén	游人	traveler, tourist
yù	御	royal

yù	玉	jade
yǔ	语	words, language
yǔ	雨	rain
yù (dào)	遇（到）	encounter, meet
yuán	圆	circle, round
yuǎn	远	far
yuánlái	原来	turn out to be, original
yuǎnlí	远离	keep away, away
yuánliàng	原谅	to forgive
yuè (liang)	月（亮）	month, moon
yuè lái yuè	越来越	more and more
yuèguāng	月光	moonlight
yùjiàn	遇见	to meet
yún	云	cloud
yún zhē	云遮	cloud cover
yùnlǜ	韵律	rhythm, rhyme
yùnqì	运气	luck
yùwàng	欲望	desire
zá (suì)	砸（碎）	to smash
zài	再	again
zài	在	in, at
zàijiàn	再见	goodbye
zāinàn	灾难	disaster
zāng	脏	dirty
zǎo	早	early
zàochéng	造成	cause
zǎofàn	早饭	breakfast
zǎoshang	早上	morning
zéi	贼	thief
zěnme	怎么	how
zěnme bàn	怎么办	how to do
zěnme yàng	怎么样	how about it
zěnmele	怎么了	what's wrong
zěnyàng	怎样	how

zhǎ	眨	to blink, to wink
zhàn	站	to stand
zhàndòu	战斗	fighting
zhāng	章	chapter
zhàngfu	丈夫	husband
zhǎnglǎo	长老	chief elder
zhànshì	战士	warrior
zhào	照	according to
zhǎo	找	to search for
zhǎo bú dào	找不到	look but can't find
zhǎodào	找到	found
zhàogù	照顾	to take care of
zhe	着	(indicates action in progress)
zhè	这	this
zhèlǐ	这里	here
zhème	这么	so
zhèn	朕	I (royal)
zhèn	阵	(measure word for short-duration events)
zhēn	真	true, real
zhēn jiǎ	真假	true and false
zhèng	正	correct, just
zhěng	整	all, entire
zhèng zài	正在	(-ing)
zhèngcháng	正常	normal
zhēnglùn	争论	to argue
zhēnshì	真是	really
zhēnxiàng	真相	truth
zhèxiē	这些	these ones
zhèyàng	这样	such
zhǐ	只	only
zhǐ	指	finger, to point at, to name
zhī	之	of
zhī	只	(measure word for animals)
zhī	脂	fat

zhì (huì)	智（慧）	wisdom
zhídào	直到	until
zhīdào	知道	to know
zhīhòu	之后	after, later
zhījiān	之间	between
zhǐyào	只要	as long as
zhòng	众	a crowd
zhòng	重	heavy, hard
zhǒng	种	(measure word for kinds of creatures, things, plants)
zhōng	中	middle
zhōng	钟	bell
zhōngfàn	中饭	lunch
zhōngwǔ	中午	noon
zhōngyú	终于	at last
zhú	竹	bamboo
zhù	住	to live, to hold, (verb complement)
zhǔ	煮	to cook
zhū	猪	pig
zhù (zi)	柱（子）	pillar, post
zhuā (zhù)	抓（住）	to arrest, to grab
zhuǎn	转	to turn
zhuān (tóu)	砖（头）	brick
zhuàng	撞	to knock against, to run into
zhuāng	装	to fill
zhuǎnshēn	转身	turn around
zhuǎnxiàng	转向	turn to
zhūbǎo	珠宝	jewelry
zhùfú	祝福	bless
zhuī (qiú)	追（求）	to pursue
zhǔnbèi	准备	ready, to prepare
zhuō (zi)	桌（子）	table
zhǔrén	主人	owner
zhǔyào	主要	main

zhùyì	注意	notice
zì	字	written character
zìcóng	自从	ever since
zìjǐ	自己	oneself
zìrán	自然	nature
zǐxì	仔细	careful
zìyóu	自由	free
zōngjiào	宗教	religion
zǒu	走	to go, to walk
zǒu jìn	走近	to approach
zǒulù	走路	to walk down a road
zuànshí	钻石	diamond
zuì	最	the most
zuì	醉	drunk
zuǐ	嘴	mouth
zuì (xíng)	罪（行）	crime
zuǐchún	嘴唇	lip
zuìhòu	最后	at last
zuìjìn	最近	recently
zūn (jìng)	尊（敬）	respect
zuò	做	to do
zuò	坐	to sit
zuò	座	seat, (measure word for mountains, temples, big houses)
zuó wǎn	昨晚	last night
zuǒyòu	左右	approximately
zǔzhǐ	阻止	to stop, to prevent

About the Authors

Jeff Pepper (author) is President and CEO of Imagin8 Press, and has written dozens of books about Chinese language and culture. Over his thirty-five year career he has founded and led several successful computer software firms, including one that became a publicly traded company. He's authored two software related books and was awarded three U.S. patents.

Dr. Xiao Hui Wang (translator) has an M.S. in Information Science, an M.D. in Medicine, a Ph.D. in Neurobiology and Neuroscience, and 25 years experience in academic and clinical research. She has taught Chinese for over 10 years and has extensive experience in translating Chinese to English and English to Chinese.